教育部职业教育与成人教育司推荐教材
中等职业学校饭店服务与管理专业教学用书

QIANTING FUWU YU GUANLI

国家旅游局人事劳动教育司　编

# 前厅服务与管理

(第3版)

旅游教育出版社
·北京·

# 出版说明

为适应旅游中等职业教育的需要，国家旅游局人事劳动教育司根据旅游中等职业学校的课程设置和教学大纲，组织业内专家编写了这套《全国旅游中等职业教育教材》。该教材自1994年出版以来，受到广大师生的普遍欢迎，对我国旅游中等职业教育的发展起了重要作用。迄今为止，该教材已成为出版时间最早、使用范围最广的国家旅游中等职业教育骨干教材。

为了进一步适应旅游专业的发展要求，提高教材质量，反映旅游业的最新发展状况和旅游职业教育研究的最新成果，我们组织有关专家根据教育部、国家旅游局对旅游职业教育的学科规划和行业要求，对该套教材进行了必要的修订增补，以确保国家骨干教材应有的科学性、先进性，充分反映国家职业教育改革的新精神、新要求，满足21世纪旅游业的人才需求。

此次修订，一是根据教育部与国家旅游局关于旅游中等职业教育的课程设置、教学大纲与教学计划，结合劳动部关于旅游职业技能鉴定标准的要求，吸收国外职业教育的成果与经验，按课程设置和课程标准的要求，对每科教材的课程性质、适用范围、教学重点、教学方法、教学时数、考核评估等进行了认真研究。新版教材正确把握了课程设置与教材编写的关系，从课程标准的角度把旅游业对人才的具体要求与旅游职业教育教材的具体编写有机结合起来，既体现了教材紧贴行业实际的针对性、实用性，又体现了教材的科学性、规范性，使可教授性与可学习性得到有机的统一，全面反映了现代职业教育教材应有的教育理念。二是在教材的具体修订中，我们根据旅游业的发展需要和旅游职业教育的课程设置与教学要求，组织有关专家编写增补了近年来旅游发展的行业新内容，使教材体系更完整、更科学。三是在保持原教材科学性、权威性的基础上，本次修订特别注意了中等职业学生的学科基础与未来职业要求，重点强调了教材的实用性。在原版教材科学性的基础上，本版教材强调了教与学、学与用的关系，加大了技能技巧、实际应对、操作标准、模拟训练等内容的比重，使之既能体现课程要求和行业特点，又符合国家职业技能标准的要求。四是在内容安排上，适当精简了部分内容，即将原版教材中既占课时又不便于教学的内容，或删减或置于附录，便于教师灵活运用和利于学生分清主次。五是针对旅游学科实践性强的特点，本版教材特别注意增补了一些案例，目的是强化案例教学的作用。最后，为方便教师教学和学生学习，还增设了学习重点、案例分析、本章小结、中英文对照规范服务用语等栏目，旨在让读者花最少的时间掌握最有用的信息。

为深入贯彻《中共中央国务院关于大力推进职业教育改革与发展的决定》中关于职业教育课程和教材建设的总体要求，进一步落实教育部等七部门《关于进一步加强职业教育工作的若干意见》，我社对《全国旅游中等职业教育教材》进行了重新梳理，旨在积极推进教材改革，开发和编写具有职业教育特色的教学改革试验教材。

教改试验教材将以学生为中心、以能力为本位、以就业为导向，全面推进素质教育，重点培养学生的职业能力，使学生获得继续学习的能力，能够考取相关技术等级证书或职业资格证书，为旅游业的繁荣和发展输送学以致用、爱岗敬业、脚踏实地的高素质劳动者。

教改试验教材将贯彻如下职业教育理念：

1. 职业教育性。渗透职业道德和职业意识教育；体现就业导向，有助于学生树立正确的择业观；培养学生爱岗敬业、团队精神和创业精神；树立安全意识和环保意识。

2. 内容先进性。注意用新观点、新思想来审视、阐述经典内容；适应经济社会发展和科技进步的需要，及时更新教学内容，反映新知识、新技术、新工艺、新方法。

3. 教学适用性。教学内容符合专业培养目标和课程教学基本要求；取材合理，分量合适，符合"少而精"原则；深浅适度，符合学生的实际水平；与相邻课程相互衔接，避免不必要的交叉重复。

4. 知识实用性。体现以职业能力为本位，以应用为核心，以"必需、够用"为度；紧密联系生活、生产实际；加强教学针对性，与相应的职业资格标准相互衔接。

5. 结构合理性。教材的体系设计合理，循序渐进，符合学生心理特征和认知、技能养成规律；结构、体例新颖，有利于体现教师的主导性和学生的主体性；适应先进的教学方法和手段的运用。

6. 使用灵活性。体现教学内容弹性化、教学要求层次化、教材结构模块化；有利于按需施教、因材施教。

作为全国唯一的旅游教育出版社，我们有责任及时反映旅游业发展的新要求和旅游专业教育的新理念、新成果，把专业权威的教材奉献给广大读者。为此，我们将不断努力，回报广大师生和读者对我们的厚爱！

**旅游教育出版社**

QIANTING FUWU YU GUANLI

# 目录

# 第1章 前厅部概述

☞ 学习重点

- 前厅部的主要任务及主要作用
- 前厅部的组织结构及岗位职责
- 前厅部员工的基本素质
- 前厅部的布局及前厅部的工作流程

## 第一节 前厅部的目标、任务与地位、作用

前厅部是饭店的重要业务部门，通常包括接待、订房、问讯、行李、总机等职能部门，为客人提供订房、接待、登记、分房、换房、问讯、电话、订票、留言、行李、退房等各项服务。前厅部服务质量的好坏，对一家饭店经营的成败，起着至关重要的作用。

我们把设在饭店前厅的负责销售饭店服务、组织接待工作、调度业务经营，为客人提供订房、登记、行李、电话、退房等各项服务，并为饭店各部门提供信息的综合性服务部门叫前厅部(Front office)。前厅部也可称为大堂部或客务部。在小型饭店中，前厅部功能由总服务台来承担。

### 一、前厅部的目标与任务

前厅部的目标，是尽最大可能向散客推销饭店客房及其他产品，并协调饭店各部门向客人提供满意的服务，使饭店获得理想的经济效益和社会效益。具体来说，前厅部有七项主要任务。

1. 销售客房

前厅部的首要任务是向散客销售客房。目前，我国许多饭店的客房部赢利，占整个饭店利润总额的50%以上。前厅部向散客推销客房数量的多与少、销售价格的高与低，不仅直接影响着饭店的客房收入，而且住店客人的多少和消费水平的高低，也间接地影响着饭店餐厅、酒吧及长话等收入。

2. 正确显示房间状况

前厅部必须在任何时刻都能正确显示每个房间的状况——住客房、走客房、待打扫房、待售房等，为客房的销售和分配提供可靠的依据。

3. 提供相关服务

前厅部必须向客人提供优质的订房、登记、商务、邮件、问讯、电话、留言、行李、出租车服务、委托代办、换房、房卡、退房等各项服务。

4. 整理和保存业务资料

前厅部应随时保持最完整、最准确的资料，并对各项资料进行记录、统计、分析、预测、整

理和存档。

5. 协调对客服务

前厅部要向有关部门下达各项业务指令,然后协调各部门;解决执行指令过程中遇到的新问题,联络各部门,为客人提供优质服务。

6. 建立客账

建立客账是为了记录和监督客人与饭店间的财务关系,以保证饭店及时、准确地获得营业收入。客人的账单可以在预订客房时建立(记入定金或预付款),或是在办理入住登记手续时建立。

7. 建立客史档案

大部分饭店为住店一次以上的零星散客(Walk-in Guests)建立客史档案。按客人姓名字母顺序排列的客史档案,是记录饭店所需要的有关客人的主要资料。这些资料是饭店提供针对性服务、研究市场营销的主要依据。

### 二、前厅部的地位和作用

在饭店各业务部门中,前厅部具有非常重要的地位和作用:

(1)前厅部是饭店的门面,是能给宾客及社会公众留下第一印象、最后印象和饭店整体形象的地方。

(2)前厅部的服务,贯穿于饭店对客服务的全过程,在一定程度上决定着客人的满意程度。

(3)前厅部的工作有利于提高饭店决策的科学性,它是饭店的信息中心,主要负责搜集接待信息、整理客史档案、汇总各项信息反馈。

(4)前厅部的销售效果,直接关系到整个饭店的经济效益。

(5)前厅通常是客人进出饭店的唯一通道,对客人和饭店的安全起着重要作用。

## 第二节 前厅部的组织结构和岗位职责

### 一、前厅部的组织结构

前厅部的组织结构要根据饭店的类型、规模、星级、特点、管理方式、管理层次、人员素质、地理位置、客源构成,以及每个工种应有的营业时间、相关工种的职责范围、客人需求的变化等因素,以分工明确、组织合理、结构扁平为原则适当地配备。前厅部的构成如下:

- 预订组
- 大厅服务组
- 商务中心组
- 委托代办组(礼宾组)
- 电话总机组
- 收款组
- 接待组
- 行政(商务)楼层接待处

也有少数饭店设立专职的票务中心,而收款组在大多数大、中型饭店中隶属于财务部。大堂值班经理一般直接隶属于总经理或房务总监。

此外,在前厅设点服务的非饭店所属机构主要有:旅行社派出机构、银行派出机构、邮政部门派出机构、民航及其他交通部门派出机构和书店、精品屋等。

前厅部结构设置,主要取决于饭店的规模,根据我国的实际情况,可以把旅游饭店分为大、中、小三种类型，客房数分别为500间以上、500间以下、200间以上和200间以下。

1. 大型饭店前厅部的组织结构

大型饭店前厅部的组织结构，如图1－1所示。

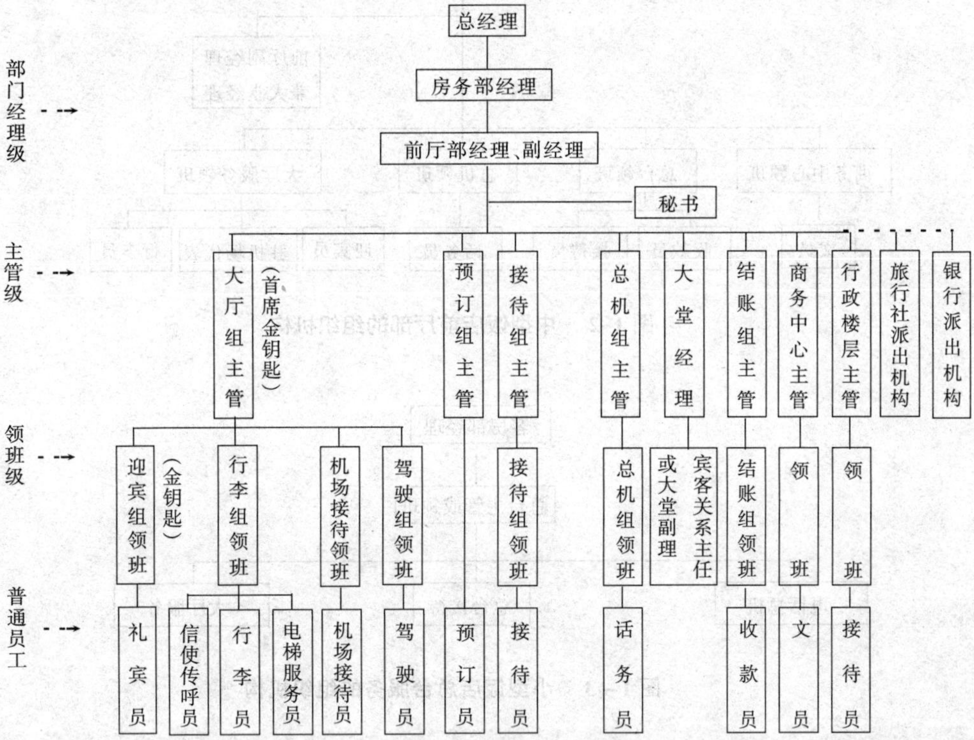


**图1-1 大型饭店前厅部的组织机构**

在大型饭店中，前厅部通常设有部门经理、主管、领班、服务员四个层次。不同大型饭店前厅部的组织结构，会因具体情况有所变化。

2. 中型饭店前厅部的组织结构

中型饭店都设立前厅部，由部门经理、领班、服务员三个层次构成。与大型饭店相比，中型饭店前厅部下设的工种减少，如图1－2所示。

由于各饭店的具体情况不同，并不是每家饭店都设立了图1－2中的所有工种，所设工种可根据实际工作需要予以增减。在中型饭店中，前厅收款员仍隶属于财务部。

3. 小型饭店总服务台组织结构

小型饭店通常不设前厅部，而代之以房务部下设的总服务台班组。这个班组设总台服务员（负责订房、问讯、接待、收款等项工作）和电话总机、大厅服务等工种，但随着客源争夺战日趋激烈，越来越多的小型饭店也开始设立前厅部。小型饭店总服务台，通常只设领班（或主管）及总台服务员两个层次（见图1－3）。

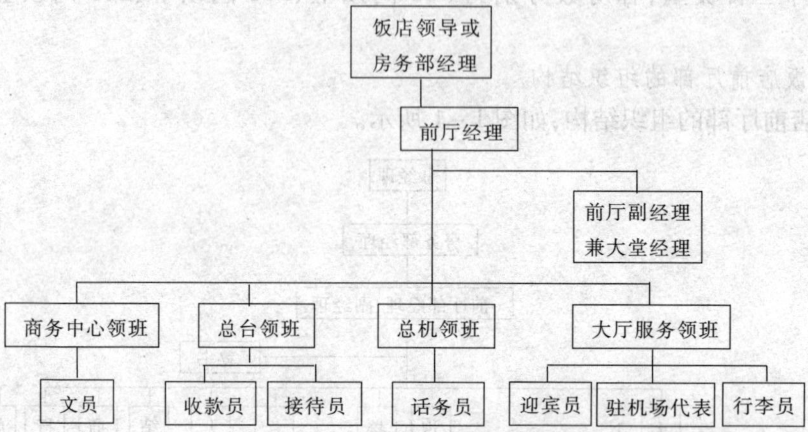


**图 1-2　中型饭店前厅部的组织机构**

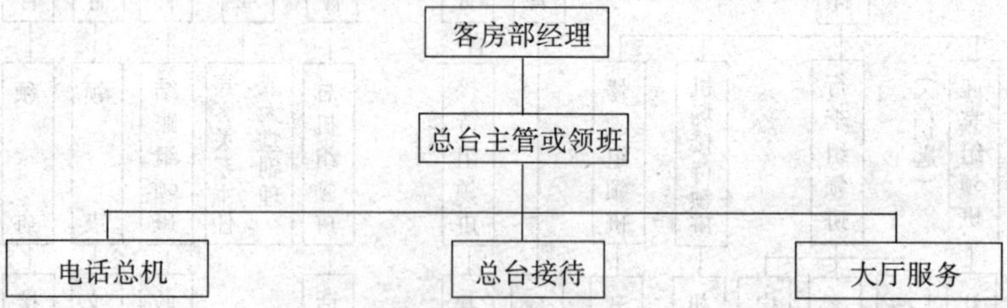


**图 1-3　小型饭店总台服务的组织机构**

总之,设置合理的前厅部,能迅速、准确地完成前厅部的各项工作。它既不会使人员忙不过来,也不会因分工过细而使有些简单的工作复杂化,或使部分前厅员工工作量不足。大型饭店前厅部的员工,应在部门内定期互换工作,以避免工作单调乏味,加强各工种之间的理解与合作。中、小型饭店前厅部或总服务台的员工,应尽可能地兼做数项工作。这样,一方面可以提高工作效率,节省人力;另一方面又能使员工的工作多样化、更富有挑战性,同时也是对员工的一种激励方式。

4. 前厅内其他附设结构简介

(1)银行派驻机构。该机构是银行在饭店所设的网点,为客人提供外币兑换等项服务。

(2)旅行社派驻机构。旅行社通常在前厅内设立柜台,为客人提供旅游信息、安排旅游线路、代订车船机票等项服务。

(3)邮政部门派驻机构。该机构是邮政部门在前厅内所设网点,为客人提供邮政服务。

(4)民航及其他交通部门派驻机构。民航、铁路部门和出租汽车公司常在前厅内设点,提供订票及出租车服务。

(5)书店、花店、精品屋等。这些机构系相关人员租用饭店大厅场地,提供服务、方便客人。

## 二、前厅部的岗位职责

1. 前厅部经理的主要职责

直接上级：房务总监/总经理

直接下属：前厅部副经理、各主管、大堂副理（宾客关系主任）、文员/秘书

前厅部经理的主要职责如下：

(1)对总经理或房务总监负责，参加饭店部门经理会议、提供有关信息、协助总经理决策。

(2)制订前厅部工作计划，全面负责前厅部的管理工作，确保前厅各项服务达到饭店规定的标准。

(3)督导属下员工（特别是管理员和领班）的工作，负责前厅部员工的挑选、培训、评估、调动及提升等事宜。

(4)组织主持部门业务会议，传达饭店例会工作要点，听取汇报，布置工作，解决难题。

(5)直接参与预订管理及出租率预测等项工作。

(6)协调、联络其他部门，进行良好的沟通，确保前厅部各项工作顺利进行。

(7)负责重要客人（Very Important Person，简称 VIP）的接待。

(8)密切保持与客人的联系，经常向客人征求意见，了解情况，及时反馈，并定期提出有关接待服务工作的改进意见，供总经理等参考决策。

(9)坚决执行上级指令，严格依照饭店的政策、制度和规定办事，以身作则。

(10)审阅大堂副理提交的客人投诉记录及汇总表，亲自处理贵宾的投诉和客人提出的疑难问题。

2. 大堂副理的主要职责

直接上级：前厅部经理/房务总监/总经理

直接下属：宾客关系主任、分管领班

大堂副理是饭店的一个非常重要的岗位，通常属于房务总监或总经理管辖，属管理员级（主管级），其主要职责如下：

(1)落实、检查贵宾抵店前的各项准备工作，协调各部门满足客人的特殊要求，并代表总经理迎送贵宾及团体客人。

(2)维护大堂秩序，确保宾客的人身和财产安全以及饭店员工和饭店财产的安全。

(3)与相关部门合作，妥善处理客人的投诉，尽可能地采取措施避免客人投诉，并在自己的职权范围内予以解决。

(4)处理客人生病、火警、财物丢失、逃账等各种突发事件。

(5)出席各种例会，对改进服务与管理提出意见。

(6)巡回检查饭店各处，找出问题、采取措施，保证饭店的安全及高水准的服务质量。

(7)尽量发展与客人及不同部门员工的良好关系，保证工作的顺利进行。

(8)负责检查大堂区域的清洁卫生，各项设施设备的完好情况，维护饭店的高雅格调。

(9)征求宾客意见，沟通饭店与宾客间的情感，维护饭店的声誉。

(10)完整、详细地记录在值班期间所发生和处理的任何事项，将一些特殊的、重要的及具有普遍性的内容整理成文，交直属上司阅后呈总经理批示。

(11)代表饭店慰问生病的住店客人。

3. 宾客关系主任的主要职责

直接上级:大堂副理

直接下属:分管领班或员工

宾客关系主任(Guest relation office)是一些大型豪华饭店设立的专门用来建立和维护良好的宾客关系的岗位。宾客关系主任的主要职责是:

(1)协助大堂副理执行和完成大堂副理所有的工作。

(2)在大堂副理缺席的情况下,行使大堂副理的职权。

(3)发展饭店与宾客的良好关系并征求意见、作好记录,作为日报或周报的内容之一。

(4)欢迎并带领 VIP 入住客房。

(5)负责带领有关客人参观饭店。

(6)处理客人投诉。

(7)留意饭店公共场所的秩序。

(8)与其他部门合作沟通。

(9)完成大堂副理指派的其他任务。

4. 前厅部各岗位的主要工作

(1)接待处主要工作。该处主要负责接待各类客人入住,办理客人的入住登记和离店手续;为客人提供分房、换房及其他日常服务;控制房态,向各接待相关部门提供信息或下达指令等。

(2)订房处主要工作。该处负责接受或婉拒各类客人的订房,并办妥相应的手续;整理、记录订房资料并分类存档;统计、分析及预测各类订房数据,并及时提供给相关部门参考;妥善计划和控制超额订房的比例等。

(3)行李处主要工作。该处负责接、送和寄存团体、散客的行李;递送饭店表单及客人留言、邮件;完成客人零星委托事项等。

(4)问讯处主要工作。该处负责分发与控制客房钥匙,解答客人的问讯、接受客人留言;分发客人邮件、接受客人订票等委托代办事项。

(5)总机房主要工作。总机房负责接转电话、提供电话叫醒及电话留言服务。

(6)商务中心主要工作。该中心负责客人传真收发、复印、打字、电脑拷盘及文字修订、特快邮政专递、订票、翻译(口译及笔译)、出租打字机及电脑、提供市话、IDD 及 DDD、商务洽谈室出租以及资料查询等各项服务。

## 第三节　前厅部人员的素质要求

在饭店各部门中,前厅部对员工素质的要求是比较高的。前厅部的任务能否完成,主要取决于前厅部员工的素质能否达到工作要求。前厅部员工素质的高低,是饭店经营成败的一个重要因素。

### 一、品行与职业道德

前厅部员工首先必须品行端正、诚实且具有较高的修养及职业道德水平。前厅部的工作会涉及价格、现金及饭店营业机密,如果员工品行不正,就很容易利用饭店管理中的漏洞为个人牟取私利;如果员工修养不好,也很难提供高水平的服务。

## 二、服务意识

前厅部员工应具有良好的服务意识,随时为客人服务,并通过自己的细心观察,及时发现客人尚未提出的服务要求,并予以满足,以达到优质服务的水准。

## 三、基本素质

1. 良好的语言基础

前厅部人员应该有良好的语言基础,首先必须具有良好的汉语表达能力及理解能力;普通话发音应准确,音质纯美、圆润动听;其次必须熟练地掌握一门以上的外语,并在听、说、读、写几个方面,特别是口语方面达到相当的水平;还应掌握一些常用的方言,如广州话、闽南话等,以便更好地接待港、澳、台同胞,最好能听懂本地方言,并能用本地方言进行对话。

2. 认真的工作态度

(1)及时向上级或同事准确地报告工作或传递信息。

(2)对前厅部工作有全面正确的认识。

(3)责任心强。

(4)对客人的需求反应敏捷。

(5)具有一定的灵活性。

(6)有创造性。

(7)有服从性。

(8)遇事冷静、不冲动,始终保持理智。

(9)爱护饭店财产、关心饭店利益。

3. 较广的知识面

对历史、地理、气候、金融,本地风景名胜、交通状况、外国风俗、宗教等方面的知识,有较全面的了解。

(1)熟悉我国外事纪律及本饭店的规章制度,懂得外事接待礼仪礼节,了解主要客源国宗教、政治、经济、地理、历史和民族风俗方面的常识。

(2)掌握安全消防知识、急救常识及旅游心理学、公共关系学等方面的常识。

(3)熟知本饭店的服务项目、服务时间、服务特色等。

(4)掌握本岗位的操作规范,了解本部门其他岗位的工作常识及饭店其他岗位的基本常识。

(5)了解本地各景点的位置及交通情况,熟知其中主要景点的基本情况。

(6)熟练掌握一门外语(如英语)的对客服务会话,并会第二外语的基本问候语、数字等的听和说。

4. 端庄的仪表、举止

(1)穿戴整齐,按饭店规定着装。

(2)注意个人卫生。

(3)举止得体。

前厅部员工的仪表仪容不仅体现员工的个人素质,而且反映饭店员工的精神面貌,体现饭店的服务水准,是对客服务质量的组成部分之一。因此,员工进入服务区域之前,必须检查自己的仪容仪表,应以饱满的精神、整洁的着装进入工作岗位,并按规定佩戴名牌,要有得体的举止。例如，在进行站立服务时，不得踱步、转圈、把手插入口袋或抱在胸前，以免给客人以急促、忙乱、坐立不安的印象。

5. 得当的礼节礼貌

前厅部员工必须对客人有礼貌，见了客人要主动问好，使用礼貌用语，并问客人是否需要帮助。无论与谁谈话，都要养成聆听的习惯，不要打断他人的讲话，同时眼睛要自然地注视着客人，与客人进行目光交流。

6. 温馨的微笑

微笑是礼貌的表现，前厅部员工的微笑服务，一方面能展示出饭店对客人真诚的欢迎；另一方面也能使员工精力集中、精神饱满地为客人服务。

7. 良好的体魄

前厅部的工作较复杂，随机性较强，既费体力，又费脑力，因此，没有强壮的体魄是支撑不下来的。前厅部的员工直接面对客人，要求具有旺盛的精力和饱满的精神面貌，按饭店的规范，前厅部员工应具有连续 8 小时为客人提供站立服务的能力。

8. 适度的幽默感

前厅部员工应具有一定的幽默感，必要时应能用幽默的语言活跃气氛、打破僵局。

9. 勤奋好学、事业心强

前厅部工作涉及的知识面广，对员工的素质要求高，这就要求每位前厅部员工勤奋好学，不断学习新知识，迎接工作的挑战，要有在事业上取得成就（自我实现）的强烈愿望。

## 四、能力

1. 自我控制能力

前厅部职员应具有较强的自我控制能力，能在较短的时间内使自己的情绪由差转好；能在未预料的事件发生时保持理智，有条不紊地处理问题。

2. 人际关系能力

前厅部职员与同事、客人及上级都应该搞好关系，互相理解，互相合作，以顺利地完成工作。

3. 推销能力

前厅部的首要任务是推销客房，前厅部员工只有具备较强的推销能力，才能给饭店带来良好的经济效益。

4. 应变能力

客人的性别、国籍、年龄、职业、教育程度、职务和需求等各有不同。前厅部职员必须具备应变能力，才能有针对性地提供优质服务。

5. 记忆能力

前厅部职员应有较强的记忆能力，特别是对时间、人名、人的特征等，能够迅速、准确地记牢，以提供令客人满意的服务。

6. 理解及表达能力

前厅部人员应有较强的正确理解的能力，能迅速、准确地理解他人的言行，同时还应该善于用准确、简单的方式，表达自己的意图。

7. 计算能力

8. 预测及判断能力

9. 沟通与协调能力

**五、技能技巧**

前厅部常用的技能技巧有：打字、速记、电传、电脑操作、接打电话、常用中英文信函写作、计算机操作、有关业务表单的填写、整理、存档等。熟练掌握这些技能技巧，是前厅部职员提供高效、优质服务的前提。

总之，饭店对前厅部员工的素质要求极高，一位前厅部员工，应可以担当下列重要角色：

管理机构的代表；

饭店的推销员；

信息的提供者；

资料的记录、保存者；

钱款的处理者；

客人问题的解决者；

饭店对外交往的代表；

饭店各部门的协调者；

饭店的友善大使；

饭店服务质量与规格的展示者。

## 第四节 前厅部的布局和主要设备

前厅，是指进入饭店大门后到饭店客房、餐厅之前的大块公共区域。这一范围内的大部分服务点都由前厅部管辖。前厅是每一位客人抵离饭店的必经之地，它对客人形成对饭店的"第一印象"，起着至关重要的作用。

**一、前厅环境**

前厅的装饰、灯光、布置，必须有特色，必须体现饭店的星级、服务特点及管理风格，必须对客人有较强的吸引力，并具备宁静的气氛。更重要的是，前厅的布局要考虑到饭店经营与管理的需要。

1. 前厅的构成及布置

(1)饭店大门。饭店的大门由正门和边门构成，大门的外观要新颖，有特色，能对客人有较强的吸引力。一般的饭店都采用玻璃门作为正门。饭店的玻璃门要选用厚度、强度、颜色适当的玻璃制作，安装要牢固，防止玻璃落下碰伤客人。玻璃门要有醒目的中英文及图形标志。饭店的店名牌、店徽及星级标志要醒目、美观，不易被来往的车辆挡住。大多数饭店的正门分成两扇，便于客人进出及门卫为客人提供开门服务；也可以根据客流量的大小增设更多扇门。正门两侧应各开一至两扇边门，以便于饭店员工及团体的行李进出饭店。正门安装自动感应门的饭店，应同时开设手开边门，以防感应门失灵时客人无法进出饭店。有些饭店使用双道门，即两道有一定间距的门，内道门开则外道门关，外道门开则内道门关，这样可以节约能源。使用旋转门为正门的饭店，旋转门的性能应可靠，螺丝要牢固以防夹伤客人。为安全起见，饭店的正门在夜间应关闭，只留边门。

饭店的大门前，应有供客人上下车的空间及回车道、停车场，使客人进出方便、安全，正门外还应留有足够的空间，以暂时摆放进出店的团体行李。有些饭店正门前还设计了花园和喷泉,以给客人留下良好的第一印象。正门前台阶旁还应设立专供残疾客人轮椅出入店的坡道,以方便残疾客人出入饭店。通常在大门口还铺设一块地毯,供客人擦干净鞋底后进入前厅,以维持前厅的整洁,防止湿鞋带入前厅的水珠使客人滑倒。边门旁应设置伞架,供客人存放雨伞。饭店大门外的空旷处,通常应设置三根旗杆,分别用来挂店旗、国旗和在饭店下榻的外国国家元首所在国的国旗,但要注意旗杆的高度,通常国旗的旗杆最高。

(2)公共活动区域。前厅的风格、面积必须与饭店的规模和星级相适应,前厅中应有足够的空间供客人活动。

(3)柜台。大厅内有多个服务用柜台,柜台的布置必须与前厅总的风格协调一致,必须符合服务的要求。

(4)公共设施。大厅内应有公用电话及供客人查询有关饭店服务设施位置和时间等信息的电脑。

(5)洗手间及衣帽间。大厅内应设有用中、英文文字及图形明显标志的男、女客用洗手间。洗手间要宽敞,各种用品(如手纸、面巾纸、香皂、干手器、小毛巾、擦鞋机等)要齐全,洗手间应干净无异味,星级饭店还要考虑残疾人专用卫生间或厕位,能为残疾人提供特殊服务。

(6)饭店各种设施的中、英文及图形标志。饭店各种设施应有中、英文及图形标志。这些标志必须设置在醒目的位置。

(7)其他。如鲜花、盆景、雕塑、瀑布、喷泉、挂毯等。

总之,前厅内客人的活动区域、饭店员工的活动及工作区域、店外单位驻店服务点的工作区域及公共通道等,都应该明显地区别开来。这样既方便客人及饭店员工,又能使相应的区域都能最大限度地发挥作用。例如,如果可能的话,客用电梯、饭店员工电梯及货用电梯应分别设立。

2. 前厅的环境

(1)光线。前厅内要有适宜的光线,要能使客人在良好的光线下活动,使员工在适当的光照下工作。前厅内最好能射入一定数量的自然光线,同时配备层次、类型各不相同的灯光,以保证良好的光照效果。过于明亮的光线,会使人的眼睛过分紧张,产生头晕目眩等不舒适的感觉,影响前厅员工的工作效率;过于昏暗的光线,不易使员工和客人彼此看清对方的脸部,也不利于准确地填写表格。客人从大门外进入大厅,是从光线明亮处来到光线昏暗处,如果这个转折过快,客人会很不适应。所以,在设计安装上,灯光的强弱应逐渐变化,可采用不同种类、不同亮度、不同层次、不同照明方式的灯光,配合自然光线达到使每位客人的眼睛都能逐渐适应光线明暗变化的要求。总服务台上方的光线也不能太暗或太亮,不能直接照在客人和服务员的脸上,使他们睁不开眼睛,也不能把阴影留在服务员的脸上,造成服务员工作不便或微笑服务变形。

(2)色彩。前厅环境的好坏,还受到前厅内色彩搭配的影响。前厅内客人主要活动区域的地面、墙面、吊灯等,应以暖色调为主,以烘托出豪华热烈的气氛,色彩搭配应与前厅的服务环境相协调。在客人休息的沙发附近,色彩则应略冷些,使人能有一种宁静、平和的心境。总之,前厅内的色彩搭配应能适应服务员工作和客人休息对环境的要求,创造出前厅特有的安静、轻松的气氛。

(3)温度、湿度与通风。前厅要有适当的温度和湿度。饭店通过单个空调机或中央空调,一般都可以把大厅温度维持在人体所需的最佳状态,一般是22℃ ~24℃,再配以适当的湿度(40% ~60%),整个环境就比较宜人了。

前厅内人员集中,密度大、耗氧量大,如通风不畅,会使人感到气闷、压抑,因此,应使用性能良好的通风设备及空气清新剂等,以改善大厅内的空气质量,使之适合人体的要求。

(4)声音。前厅离饭店大门外的闹市区或停车场较近,人员活动频繁、车辆噪声不断,加之大厅内的说话声、电话铃声等,声源杂、音量大,噪声超过人体感觉舒适的限度,使人烦躁不安,易于激动、争吵、出错,降低效率。因而在建造前厅时,应考虑使用隔音板等材料,以降低噪声。饭店员工工作交谈时,声音应尽量轻些,有时甚至可以使用一些体态语言,代替说话进行沟通(如用手势招呼远处的同事)。要尽量提高工作效率,使客人在高峰时间不致长久滞留于大厅,破坏大厅安静的气氛。对来店参观、开会、购物、用餐的客人,必要时也应劝告他们说话低声些。饭店应尽可能播放轻松、动听的背景音乐,以减少噪声对客人的骚扰。

## 二、柜台设备及布局

柜台的设备及布局,如图1-4所示。

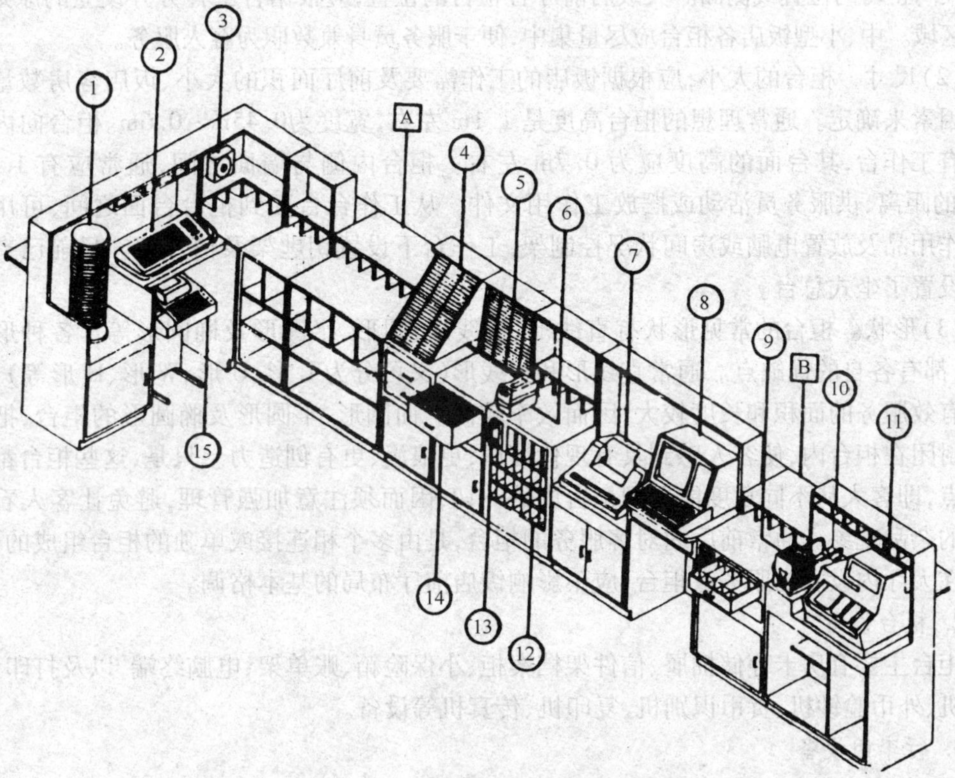


**图1-4 前厅部柜台主要设备布局图**

**前厅部柜台主要设备布局图图释**

1. 问讯架 2. 自动电话总机 3. 催醒报时钟 4. 扫描仪安置处 5. 钥匙架 6. 打时机 7. 传真机 8. 电脑显示终端 9 账单架 10. 转送客人付款凭证、收据架 11. 自动转账登录机 12. 待领邮件架 13. 电话机 14. 钥匙投放抽屉(拉出状态) 15. 打印机 A. 入住登记处 B. 结账离店处

1. 柜台简介

(1)位置。饭店的大厅内都设有数量不等的服务柜台。不同等级、规模、类型的饭店，应根据其大厅的具体情况，设计不同位置、不同形状、不同尺寸的柜台。由于柜台是饭店接待客人的第一窗口，所以其设计和设备都应方便工作、美观大方、吸引人，以充分发挥其最大的功能及效率。柜台的设计是饭店能否吸引客人的重要物质因素。理想的柜台应该设置在一个醒目的位置，应使站在前厅各柜台的职员都能观察到整个大厅及电梯、商场、餐厅各出入口的情况。一般柜台的主轴线应与客人进出饭店大门的直线通道垂直或平行。因为前厅部各柜台职员的工作位置，是固定在柜台内不能随意离开、到处走动的，所以柜台的位置，必须设在能对前厅各通道一览无余的地方，以使工作人员可以观察到整个大厅的活动情况。这样做，无论是从保安方面还是从为客服务方面看，都是必要的。除此之外，在柜台内应能清楚地看到门外车辆到达的情况，以使服务员提前做好接待客人的准备工作；同时也让客人一踏入饭店，就能看到微笑服务的柜台服务员。综上所述，前厅部各柜台的位置，应便于服务、便于管理和控制，一般设在大门正对的位置或侧面。大饭店前厅各柜台的位置，应根据各工种分开设立的原则区分工作区域。中、小型饭店各柜台应尽量集中，便于服务员身兼数职为客人服务。

(2)尺寸。柜台的大小，应根据饭店的工作需要及前厅面积的大小、饭店客房数量的多少等因素来确定。通常理想的柜台高度是1.1m左右，宽度为0.45m～0.6m。柜台向内的一面设有工作台，其台面的高度应为0.7m左右。柜台内侧与墙面之间，通常应有1.2m～1.8m的距离，供服务员活动或摆放工作用文件。从工作台台面到柜台台面之间，可用于存放工作用品及放置电脑或房间状况控制架，工作台下设置钥匙架及信件架。目前已有部分酒店设置了坐式总台。

(3)形状。柜台的常见形状有直线形、折线形、圆形、半圆形及椭圆形等。各种形状的柜台，都有各自的优缺点。通常直线形和折线形(又可分为L形、U形、W形、H形等)台面，对客有效服务的面积和长度较大，因而效率较高。而圆形、半圆形及椭圆形的柜台，把服务人员封闭在柜台内，使客人感到具有现代情调，更浪漫、更有创造力。只是，这些柜台都有一个缺点，即客人从不同角度能看到柜台内的一切，因而须注意加强管理，避免让客人看到柜台内的杂乱现象。通常前厅内对客服务的柜台，是由多个相连接或单独的柜台组成的，店外机构在大厅内设立的服务点柜台，应不影响饭店前厅布局的基本格调。

2. 柜台设备

柜台主要有房卡存储抽屉、信件架档案柜、小保险箱、账单架、电脑终端，以及打印设备、POS机、外币验钞机、货币识别机、复印机、传真机等设备。

3. 行李组设备

(1)行李车。行李车有大小两种：大的通常用于装载团体行李；小的通常用于装载散客行李。

(2)行李寄存架。此架置于行李房中，分成一个个可任意调整大小的格子，每个格子通常只放同一批客人的行李，一个客人的数件行李应用绳子串联起来。

(3)伞架。无论饭店是否开设提供雨伞的业务，都应该在前厅设置伞架，供客人存放伞具。

(4)轮椅。轮椅用于供老、弱、病、残等行动不便的客人进出饭店。有些饭店还在行李房中存放几副担架，以便于抢救危重病人之用。

此外,饭店还应准备婴儿车、架及包装行李用的绳子、纸张、刀剪等,以便于客人取用。

(5)总机房设备。总机房设备主要有电话交换机、长途电话自动计费器、呼唤机总台及自动叫醒控制系统等。

### 三、前厅部常用办公文具

(1)各种铅笔及削铅笔刀,用于制作前厅部各类报表的草表。

(2)双层和多层文件架以及各种文件夹,用于分类存放不同的文件。

(3)小图章架,用于存放各种前厅部专用图章。这些图章应由专人管理,下班时锁好。

(4)多用途订书机及拔钉器,用于装订前厅部各种资料及拆开装订好的资料。

(5)纸张穿孔器,用于把资料穿孔后放入文件夹存档。

(6)白油(涂改液),用于掩盖写错的内容,并在油干后重新写上正确的内容。

(7)荧光笔,不同颜色的荧光笔由不同部门专用,表示不同的意义,可以把重要内容用荧光笔画出而不盖住内容,以使人注意。

(8)计算器,用于计算客账及加总各种资料。

(9)档案小车,用于存放订房档案夹,并且可以推动。

(10)可滑行的带轮靠背椅,用于前厅部办公室或订房处。

(11)胶水、湿海绵、废纸篓、碎纸机等,用于粘贴、点票、存放废纸及处理作废的前厅部机密文件、资料。

(12)圆珠笔和透明胶带纸,用于做报表和请客人填写入住登记表等。

## 第五节　前厅部的工作流程

### 一、对客服务全过程

前厅部对客服务全过程是一个完整的、循环的过程。过去人们一直认为对客服务全过程是由客人抵店——客人住店——客人离店三个阶段构成。其实,更确切地说,对客服务的全过程应该是开始于潜在客人与饭店的第一次接触;甚至开始于潜在客人与饭店的销售代理机构或宣传广告品的接触,直至办理离店手续后饭店为客人建立客史档案、为下次与客人接触做好准备为止。对客服务的全过程可以分为宾客到达前、宾客到达时、宾客住店期间、宾客离店时和宾客离店后五个阶段。其中第五阶段既是这次对客服务全过程的结束阶段,又是下一次潜在对客服务全过程的开始阶段。从一定意义上讲,第五阶段与第一阶段是重叠的,二者对周而复始的饭店对客服务全过程起着承上启下的作用。

### 二、对客服务全程各阶段的主要任务

1. 宾客到达前(亦称售前阶段)的主要工作

(1)营销人员进行市场分析及选定目标市场(由总经理进行决策)。

(2)公关人员确定饭店形象。

(3)确定宣传口号及营销方针。

(4)通过各种广告宣传媒介推出饭店形象及产品。

(5)选定代理商推销饭店产品。

(6)客人向代理商订房。

(7)客人直接向饭店公关部或营销部订房。

(8)客人直接向订房处或接待处订房。

(9)客人在订房过程中可能会与饭店前厅部下属的电话总机室、商务中心交往。这些班组的工作质量与效率对客人是否光临起着重要作用。

(10)订房处办好各种渠道订房客人的订房手续,并保存好订房资料。

(11)订房处向有关部门提供信息,由接待处下达接待指令使各部门做好客人抵店前的准备工作。

(12)饭店驻机场代表到机场迎接客人抵店。

上述第1~12项工作主要是由前厅部完成的,如果饭店前厅部与营销部合一,则上述工作全部由前厅部完成。

2. 客人到达时(消费开始阶段)的主要任务

(1)门卫应接员在车门、店门前迎接客人。

(2)行李员为客人提供行李入店服务。

(3)接待员迎接客人,了解客人有无预订。

(4)对未预订客房的客人,接待员应推销客房。

(5)分配房间(已预订了客房的客人应提前分房)。

(6)行李员为客人提供行李寄存服务,引领客人到达所住房间并提供介绍服务。

(7)接待员办妥客人入住登记手续并分发钥匙及欢迎卡。

(8)接待员把相关信息通知各相关部门。

(9)接待员变更房态记录,保持房态正确。

(10)金钥匙服务(Concierge)①开始启动,直到客人离店后不再需要。

(11)给客人宾至如归的温馨感觉。

(12)为客人提供问询服务。

3. 客人住店期间(消费进行阶段)的主要任务

(1)总机为客人提供各项电话服务。

(2)问讯处为客人提供问讯、留言服务(部分饭店问讯处还负责客房钥匙的分发与控制)。

(3)接待员负责处理客人换房、核对房态等日常服务。

(4)前厅收银员为客人提供贵重物品寄存、各项账目入账、账目查询、外币兑换等项服务及完成催收应收款等项工作。

(5)提供委托代办服务(Cncierge),如订票、邮寄等。

(6)接待处负责协调各部门的对客服务过程。

(7)商务中心为客人提供各项商务服务。

4. 客人离店时(消费结束阶段)的主要任务

(1)办妥客人退房手续,处理客人提前或延期离店的要求。

(2)送客人行李出店。

---

① 金钥匙服务(Concierge)源于法语Concierge(门房)一词,20世纪初欧洲有些较古老的饭店因门房服务是"满足客人的任何需求",故而有"金钥匙门房"之称。Concierge又可译为礼宾服务或委托代办服务等。后来,"金钥匙"成为高星级饭店个性化服务或综合服务总代理的一种标志(详见本书第5章第三节)。

(3)店门、车门前送别客人。

(4)将客人离店信息通知相关部门。

(5)完成客人结账手续。

(6)更改房态并保持房态正确。

(7)收银员完成对营业收入的夜间审核等工作。

(8)大堂副理处理客人的各种投诉(在任何一个阶段客人都可能会提出投诉,但以第三、四阶段居多)。

5. 客人离店后(消费结束后)的主要工作

(1)饭店驻外(机场、车站等)代表到机场、码头、车站等处送别客人。

(2)各项资料整理存档,填写、整理客史档案卡(或汇入电脑),保存有关客人消费爱好的所有资料。

(3)收回宾客意见表、汇总投诉及其他意见,分析整理后反映到相关部门(此项工作由大堂副理完成)。

(4)与宾客保持密切联系,必要时有针对性地主动促销。此项工作通常由营销部完成。

上述五个阶段中由前厅部完成的非日常性工作及由其他部门完成的工作在此不作介绍。

### 三、前厅部工作流程

前厅部工作流程见图1-5。

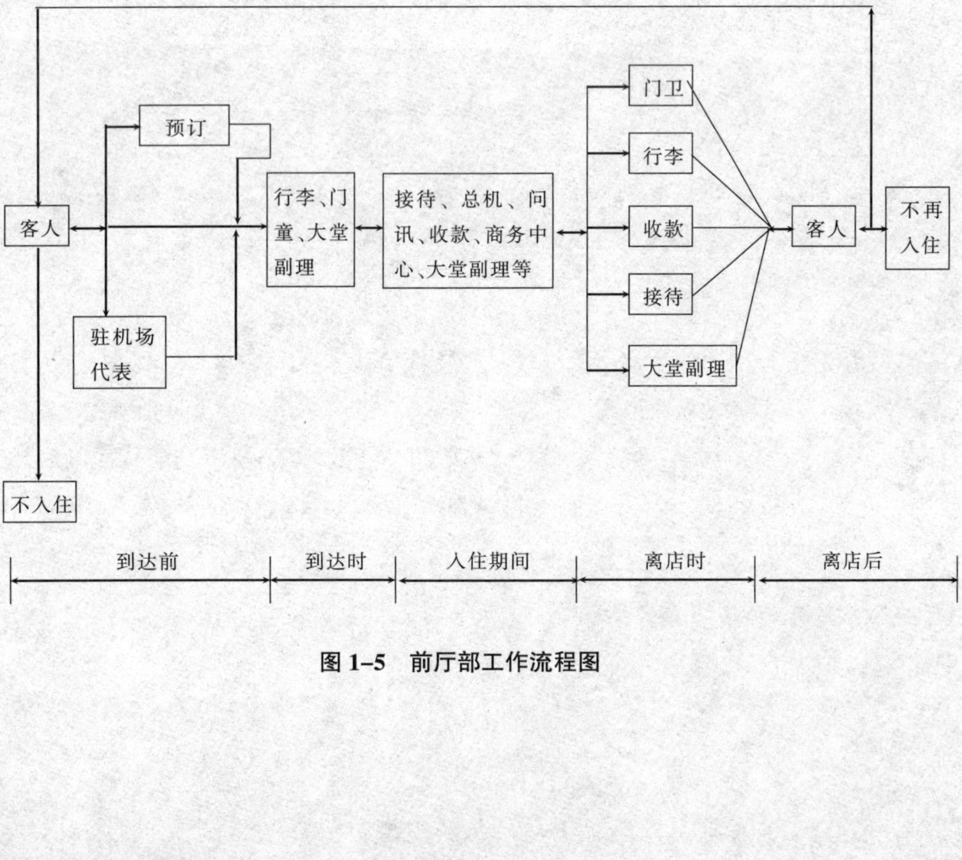


**图1-5 前厅部工作流程图**

**本章小结**

前厅部(Front office)是指设在饭店前厅销售饭店服务、组织接待、调度业务,为客人提供客房预订、前厅接待、信息咨询、委托代办、行李运送、汽车服务、转接电话和商务中心等各项服务的综合性部门。在饭店业务活动中,前厅部是饭店和宾客之间的桥梁,是饭店的大脑和神经中枢,是为饭店的经营决策提供依据的参谋部门,故而,前厅部要加强与饭店有关部门的联系与合作,为饭店经营和各部门的信息传递提供服务,同时前厅部员工须具备一定的综合素质,明确其岗位职责,熟练掌握其相关政策与程序,以使客人在饭店享受高效优质的服务。

**思考与练习**

1. 前厅、前厅部、总台的定义分别是什么？这三个概念之间有什么区别与联系？

2. 参观几家饭店,看他们的前厅环境、布局设备及柜台有何特点？并根据其实际,科学合理地设置前厅部的岗位组织结构。

3. 前厅部的重要地位与作用体现在哪几个方面？

4. 前厅部人员应具备哪些素质与能力？你是否愿意从事前厅部的工作？你是否适合从事前厅部工作？你在哪些方面还须改进,以胜任前厅部工作？

5. 前厅部经理有哪些主要职责？

# 第2章 客房预订

☞ 学习重点

- 预订基础知识
- 客房预订服务程序
- 预订资料的整理、存档及预订的控制
- 客史档案的用途、内容及管理

## 第一节 预订业务知识

### 一、预订的目的与任务

1. 预订的目的

越来越多的宾客之所以愿意在外出旅行前,不怕麻烦、花费时间进行订房,主要原因是:

(1)免遭饭店客满的风险;

(2)希望抵店时,所需客房已由饭店保留。

越来越多的饭店之所以设置订房机构、拥有预订系统,主要目的是:

(1)尽量满足宾客的订房要求;

(2)尽力为饭店争取理想的住房率,避免超额预订和缺额预订给饭店带来损失。

2. 预订的任务

饭店开展客房预订业务,其任务可概括为下列四项:

(1)接受、处理宾客的订房要求;

(2)记录、储存预订资料;

(3)检查、控制预订过程;

(4)完成宾客抵店前的各项准备工作。

### 二、预订的种类

尽管预订的方式多种多样,但饭店通常都采用临时性预订(Simple reservation)、确认性预订(Confirmed reservation)和保证性预订(Guaranteed reservation)三种预订类型。

1. 临时性预订

临时性预订是预订种类中最简单的一种预订,是指宾客在即将抵达饭店前,或在抵店的当天进行预订。由于时间仓促,饭店无法要求这类宾客预付订金,也没有足够的时间进行书面确认,只能给予口头确认。接受此类订房时,预订员通常的做法是重复客人的订房要求,注意询问客人的抵店时间或所乘航班、车次,并把需要提醒客人的注意事项(如饭店保留客房至下午6时等)告诉客人,以免引起不必要的麻烦。

2. 确认性预订

确认性预订是预订种类中较常用的一种，即指饭店答应为订过房的宾客保留客房至某一事先协议的约定时间。但如果客人到了议定的截止时间（Cut-off time）仍未抵店，又未通知饭店有关推迟抵店的具体情况，在用房紧张时期，饭店可将为其保留的客房另租给未经预订而直接抵店的客人，或等候名单上的客人。确认预订的方式有两种：口头确认和书面确认。两种相比较，书面确认具有以下特点：

（1）证实饭店能够满足宾客的住宿要求；

（2）以书面形式在饭店与客人之间达成了一定的协议关系，从而约束了双方的行为；

（3）有关客人的个人情况资料（如姓名、地址等）得到了证实。绝大多数饭店让持有确认书的客人享受信用限额（House credit limit）和一次性结账服务。

3. 保证性预订

保证性预订，是指宾客通过使用信用卡、预付订金、订立合同等方法，来确保饭店应有的收入；饭店则必须保证为这类客人提供所需的客房。它使双方建立起了一种更为牢靠的关系。下面介绍三种具体实施办法：

（1）信用卡担保：该方法要求预订员必须在记录订房要求的同时，问清宾客所持信用卡的种类、号码、失效日期等，以保证预订。这样，即使客人届时既未取消预订又未抵店，饭店亦可通过信用卡公司收取客人的房费，以弥补饭店的损失。信用卡公司是支持这种做法的。同时，这种方法也避免了饭店与客人的直接接触。

（2）预付款担保：该方法要求宾客或他们的代理人在住客抵达饭店前，就付清一夜或预订天数所有的房费（款项数额视各家饭店的信用政策和客人的愿望而定）。饭店的责任则是必须为该类客人保留所需的房间，并注意向客人解释取消预订、退还预付款的有关政策条文。从饭店角度看，预付款担保是保证性预订的最理想的方法。

（3）商务合同担保：该方法是指饭店与有关旅行社、商务公司等就预订客房事宜签订合同，以确定双方的契约关系。其内容一般包括担保单位的地址、账号，以及同意为未抵店入住的订房承担付款责任的声明。一旦发生到了留房截止日期（Cut-off date）对方却无取消订房通知的情况，饭店仍将为其保留客房；即使客人未抵店入住，对方亦须保证支付房费。该担保形式虽不如信用卡担保和预付款担保那样被普遍使用，但饭店使用后的效果却不错。

总之，保证性预订不仅保护了客人，使其免遭超额预订的影响，同时，也确保了饭店在订房客人不抵店入住的情况下，仍有客房收益。采用该预订类型必须强调的是，除非接到了取消订房的通知，否则，饭店必须为保证性预订的客人保留其所需的房间，并且在超过当日取消时限而客人未抵店情况下，仍将保留客房至次日退房结账时限为止。

**三、客房与房价的种类**

一名合格的前厅部预订员，不仅应了解订房的种类及其实施方法，而且还应娴熟地掌握饭店客房与房价的类型，使预订工作得以顺利进行。

1. 床具的种类

（1）单人床（Twin-size bed）；

（2）双人床（Double-size bed）；

（3）大号双人床（Queen-size bed）；

(4)特大号双人床(King-size bed);

(5)加床(Extra bed);

(6)婴儿床(Cot);

(7)沙发床(Studio bed);

(8)隐壁床(Murphy bed),该床在白天可翻起隐藏在墙壁内,以扩大客房的使用面积,增加客房的功能;

(9)水床(Water bed),该床是当今最理想的床具之一,其坚韧、柔软而又密封性良好的床垫(用 PVC 聚氯乙烯薄膜材料制成)内冲有大量的水,并配有加热器和恒温器,使水温与人体温度相适应,能填充人体的空隙部分,扩大受力面积,使体压分配趋向均匀,给人以舒适感。

2. 客房的种类

(1)按布置划分。

按照客房内部的布置,可将其划分为下列类型:

①单人间(Single room)。该客房内布置一张单人床,是饭店最小的客房,为增加白天起居活动的空间,饭店常采用单人沙发或隐壁床进行布置。这种客房适合于具有独自一人享用一间客房经济支付能力的客人。

②大床间(Double room)。该客房内布置一张双人床,较适合夫妇旅行者或商务客人居住。

③双床间(Two-bed room)。此类房间配备两张单人床,俗称为"标准间"(Standard room),有 Deluxe twin、Superior twin 等,较适于安排团队和会议客人。根据两张床的布置,亦可细分为:

a. 两张单人床(Twin room);

b. 两张单人床,中间有床头柜(Twin apart);

c. 两张单人床,中间无床头柜(Hollywood twin);

d. 两张双人床(Double-double);

e. 一张大号双人床,一张双人床(Queen-double);

④三床间(Triple room)。此房间布置 3 张单人床,供 3 人享用。

⑤套间(Suite room)。套间一般由两间或两间以上的房间组成,根据使用功能,室内装配标准可细分为:

a. 普通套间(Junior suite),该套间中通常一间布置为起居室,设有盥洗室,内有便器与洗面盆;另一间为卧室,配有一张大床,并与卫生间相连。

b. 商用套间(Business suite),此类套房是专为从事公务、商务客人而设计布置的,增加一间小型洽谈室,配备专用的写字台,室内光线明亮;另一间为卧室,与卫生间相连。

c. 双层套间(Duplex suite),亦称立体套间。其布置特点为起居室在下、卧室在上,二者用小楼道连接。

d. 豪华套间(Deluxe suite),豪华套间的特点在于注重客房装饰布置、房间气氛和用品配备。其功能齐全,呈现出豪华和气派。该套间可以为两套间布置,也可以为三套间布置。三套间中除起居室、卧室外,还有一间餐室或会议室。卧室中常配备一张大号双人床或一张特大号双人床,房间内物品的点缀也相当考究。

e. 总统套间(Presidential suite),该套间又称特套,一般由五间以上的房间组成(包括男主人房、女主人房、会客室,书房、餐室、起居室、随从房等),装饰布置极为讲究,造价昂贵。通常在三星级及三星级以上饭店才设置此类套间。

(2)按位置划分。

按照客房所处位置,可将其划分为下列类型:

①内景房(Inside room);

②外景房(Outside room);

③角房(Corner room);

④相连房(Connecting room);

⑤相邻房(Adjoining room)。

3. 房价的种类

饭店房价按其性质分成下列类型:

(1)标准价(Rack rate)。标准价即为饭店价目表(Tariff)上明码标注的各类客房现行价格,未含任何折扣或服务费,由饭店管理部门制定,一般以美元、人民币或港币报价。标准价亦可称为门市价、柜台价或散客价。

(2)团队价(Group rate)。团队价是饭店为团队客人提供的折扣价格,其目的在于吸引大批宾客,从而售出大量客房。

(3)家庭租用价(Family plan rate)。此房价是饭店为携带孩子的父母提供的一种折扣价格,以刺激其他消费。

(4)淡季价(Low season rate)。此房价是营业淡季,饭店为吸引客人而采用的一种价格,一般在标准价的基础上,下浮一定的百分比。

(5)旺季价(High season rate)。此房价是营业旺季,饭店为最大限度地提高客房经济收益而采用的一种价格,一般在标准价的基础上,上浮一定的百分比。

(6)优惠价(Commercial rate)。饭店与输送客源的单位签订合约,按规定给来自签约单位的客人以折扣优惠价格,以求双方长期合作。给予多少优惠应视其提供的客源量、住店的间/天数及信用程度而定。

(7)小包价(Package plan rate)。此价格为饭店提供的一揽子报价,通常包括房租费及餐费、游览费、交通费等项目的总和,以方便客人作预算。

(8)折扣价(Discount rate)。此价格是饭店向常客(regular guest)或长住客(long-staying guest)或有特殊身份客人提供的一种优惠价格。

(9)合同价(Contract rate)。此房价是类似于优惠价与团队价的一种房价。

(10)免费(Complimentary rate)。饭店在互惠互利的原则下,免收住客房费以求建立良好的双边关系。但饭店应健全有关具体实施免费方面的制度方可有效。

(11)白天租用价(Day rate)。饭店采取的白天租用价,是按客人所住客房的半费计算,也有个别饭店则按小时计算。采用白天租用价一般有下列三种情况:

①凌晨抵店入住;

②退房离店超过了规定时间;

③入住与离店发生在同一天。

(12)加床价(Rate for extra bed)。此种价格是在某种客房内增加某种床具的收费标准,可视客房种类、床具种类和住宿间/天数而定。

**四、预订表格、文件与设备**

1. 预订表格

(1)客房预订单(Room reservation form)。客房预订单,亦称订房单,是一种用于记录客人预订客房所有具体信息的表格。表2-1和表2-2分别为国内一家饭店的客房预订单和团队预订单。

①客房预订单的内容:

a. 客人完整的姓名、称呼。

b. 客人的国籍、地址、电话号码。

c. 客人预计抵店、离店的日期与时间(航班号或车次等)。

d. 客人所需的房间种类与数量。

e. 同行者的情况(人数、关系、儿童年龄等)。

f. 预订人的工作单位、地址、电话号码。

g. 房价。

h. 付款方式。

i. 受理订房的日期、预订员姓名缩写。

j. 备注,如用于记录预先付款、抵店时间较迟、隶属于某一团队或会议的订房、客人所提特殊要求(派车接、放置鲜花、水果篮、客房景观、折叠式加床、需使用残疾人特殊设备、每日报纸、打字、秘书服务、建立账户的需求等)。

k. 特殊记号,供预订员记录其工作程序的实施进展情况。

②客房预订单的作用:

a. 提醒作用:能随时提醒预订员,及时询问客人的有关信息或说明有关事项。

b. 检查作用:能确保所需资料已记录在案。

c. 时效作用:因格式统一、标准,更方便使用,从而提高了预订工作的效率。

d. 利于贮存。

(2)客房预订变更、取消单(Room reservation change or cancel form)。部分订房客人在实际抵店前,因种种原因会更改其预订内容,甚至取消原先的订房。此时预订员就需要使用客房预订变更、取消单以记录客人的最新要求。

此表所列项目与客房预订单所列项目大致相同。通常,预订员在填写变更、取消单时,应注意将变更的内容(如房间类型、数量、抵店日期等)详细记录在备注栏内。为了醒目,该表颜色应区别于客房预订单。有些饭店将预订、变更及取消进行有机的三合一,即设计成同一份表格,但在表格中应有预订、变更、取消的显著标注,如表2-1左上角所示。若饭店前台已电脑化,则可直接将客人变更的内容进行输入,调整电脑信息以备查用。

表 2-1 **RESERVATION FORM**

**客房预订单**

□New Booking 新预订 □Amendments 更改 □On Waiting List 等候

□Seminar 研讨会 □Cancellation 取消

| Guest Name 客人姓名 | No. of Rooms 房间数 | Room Type 房间种类 | No. of Guests 客人数量 | Rate 房价 | Company Name 公司名称 |
|---|---|---|---|---|---|
| | | | | | |
| | | | | | |
| | | | | | |
| | | | | | |
| | | | | | |

Original Arrival Date 预订到店时间： Original Departure Date 原定离店时间：

New Arrival Date 新到店时间： New Departure Date 新离店时间：

Arrival Flight 到店航班： Departure Flight 离店航班：

Billings 付款方式：□ALLC 全付 POA 自付 □ALLC 全付 □RMABF 房费含早餐

Remarks 备注：

Contact Name 联系人姓名： Campany Name 公司名称：

Telephone Number 电话号码： Fax/Telex Number 传真号码：

Taken By 预订人：

Date Taken 预订日期： CEM#

表 2-2 **GROUP BOOKING FORM**

**团队预订单**

□Booking/Tentative 新预订/暂订 □Amendments 更改

□Confirmation 确认 □Cancellation 取消

Name of group 团队名称 Nationality 国籍

| Arrival Date 入店日期 | Departure Date 离店日期 | Single 单人间 | | Twin 双人间 | | Guide Room 陪同间 | | Suite 套间 | |
|---|---|---|---|---|---|---|---|---|---|
| | | Number of Rooms 房数 | Rate 房价 | Number of Rooms 房数 | Rate 房价 | Number of Beds 床数 | Rates 房价 | Number of Rooms 房数 | Rate 房价 |
| | | | | | | | | | |
| | | | | | | | | | |
| | | | | | | | | | |
| | | | | | | | | | |

续表

| | | | | | | | |
|---|---|---|---|---|---|---|---|
| Complimentary Rooms 免费房： | | | | | | | |
| Deposit 押金： | | | | | | | |
| □Room rates subject to 15% Surcharge 房价不含 15% 服务费 □Room rates inclusive of 15% surcharge 房价包括 15% 服务费 □Commissionable 回扣 10% □non-commission 无回扣 | | | | | | | |
| MEAL REQUESTS | | Date 日期 | | | | | |
| | 用餐情况 | Time 时间 | | | | | |
| Oriental | 中式早餐 | Outlet 地点 | | | | | |
| Continental | 欧陆式早餐 | Rate 价钱 | | | | | |
| American | 美式早餐 | PAX 人数 | | | | | |

□Meal rates subject to 15% surcharge 餐费不含 15% 服务费 □Meal rates inclusive 15% surcharge 餐费含 15% 服务费

Charge to 付款人：

Remarks 备注：

Sales Person 销售人员： Date 日期：

(3)预订总表(Room reservation chart)。预订总表，亦称客房预订汇总表，是能准确、及时预告饭店未来一段时间内，客房预订状况的一种直观图表。此表设计通常包括两大项目：饭店所拥有的客房(横向表示)；每月的日期(纵向表示)。因各家饭店所具有的性质、规模、接待对象的不同，实际所采用的预订总表也各不相同。为此，我们介绍三种有代表性的客房预订汇总表(见表 2 -3;2 -4;2 -5;)：

①预订汇总传统表(Conventional chart)(见表 2 -3)。从表 2 -3 中可以看出，该表最明显的特征是信息反映比较全面。它能将确定的客房，按预订的时间分配给确定的客人，既能显示每间客房未来的住客状况，同时，也能了解某些客人对房间、楼层、朝向等方面的特殊要求。

传统图表适用于具有下列特点的中、小型饭店：

a. 客房类型多；

b. 住店客人平均居住时间较长；

c. 散客与常住客占相当的比例，且这类客人大多喜欢住“自己的客房”；

d. 度假村。

在使用传统图表时，预订员应注意：

a. 表示抵店、离店日期的线条，应标注在格子的中间，以便正确统计间/天数；

b. 属只住一夜的订房，则不必注明客人姓名，可改用一个号码；

c. 应及时显示客房的变更状况，以确保图表的正确性。

此表的不足之处，是较难一目了然地查明某段时间空房的数量，在有限的空间里，更改也难以进行。

②预订汇总密度表(Density chart)(见表 2 -4)。从表 2 -4 中可以看出，密度表能醒目地显示饭店未来可售房的数量与种类，便于标注及更改。它较适用于客人平均逗留天数短的商务性饭店。

表 2–3　　预订汇总传统表

**The Conventional Chart**

| MONTH:JUNE 19 | | | | | | | | | | | |
|---|---|---|---|---|---|---|---|---|---|---|---|
| | | | 4TH FLOOR | | | | | | | | |
| Room No. | Type | Rate | 1 | 2 | 3 | 4 | 5 | 6 | 7 | 8 | 9 |
| 401 | STD | 75.00 | WOLF | | CANNON | | | | | | |
| 402 | STD | 75.00 | STEVENS | | | | RYAN | | | | |
| 403 | STD | 75.00 | | | | SMITH | | | | | |
| 404 | STD | OOO | | | | | | | | | |
| 405 | SUITE | 225.00 | | | EWING | | | | | | |
| 406 | KL | 175.00 | SMITH | | | | | | | | |
| 407 | K | 150.00 | | | JONES | | | | | | |
| 408 | QDLX | 145.00 | | | KOJAK | | | | | | |
| 409 | Q | 125.00 | HORTON | | | WEISS | | | | | |

表 2–4　　预订汇总密度表

Density Chart

| FLOOR 4 | | MAY 19 – | | | | | | | | | |
|---|---|---|---|---|---|---|---|---|---|---|---|
| Date | | 1 | 2 | 3 | 4 | 5 | 6 | 7 | 8 | 9 | 10 |
| ROOMS | | Sun | Mon | Tues | Wed | Thurs | Fir | Sat | Sun | Mon | Tues |
| STANDARD | 1 | X | X | X | X | X | | | | | |
| | 2 | X | X | X | X | X | X | X | | | |
| | 3 | X | X | X | X | X | X | X | | | |
| | 4 | X | X | X | | X | X | X | | | |
| | 5 | X | X | | | X | X | X | | | |
| | 6 | X | X | | | X | X | X | | | |
| | 7 | X | X | | | X | X | X | | | |
| | 8 | | | | | X | X | X | | | |
| | 9 | | | | | | X | X | | | |
| | 10 | | | | | | X | X | | | |
| SUITE | 1 | X | X | X | X | X | X | X | | | |
| KING LEISURE | 1 | X | | | | | X | X | | | |

续表

| Date | | 1 | 2 | 3 | 4 | 5 | 6 | 7 | 8 | 9 | 10 |
|---|---|---|---|---|---|---|---|---|---|---|---|
| ROOMS | | Sun | Mon | Tues | Wed | Thurs | Fir | Sat | Sun | Mon | Tues |
| KING | 1 | | | | | × | × | × | | | |
| QUEEN DELUXE | 1 | × | | | | | × | × | | | |
| QUEEN | 1 | × | × | × | × | × | × | × | | | |
| | 2 | × | × | × | × | × | × | × | | | |
| | 3 | | | | | × | × | × | | | |
| | 4 | | | | | | × | × | | | |

③预订截止表(Stop - go chart)(见表2 -5)。从表2 -5中可以看出,它用特殊的记号或着色的符号来提示预订员,什么类型的房间已订满?哪一天有空房?哪种客房已到了销售最紧张的时期等,以使预订员对能否受理客人的预订要求迅速地作出判断,从而提高对客服务的效率。在用房紧张时期,此表尤其能体现出它的必要性和实用性。但预订截止表不能替代客房预订总表,只是汇总了总表上各类客房预订的情况,是一种辅助性表格。因其重要性,常由预订经理、预订主管负责标注、更改,以保持其准确性。

**表2 -5　　预订截止表**

Stop-go Chart

KEY – ○ No Standards
– □ No Kings
– × No Queens
– △ No Suites
– /// Conferences, Tours, Block-bookings, Functions

| Day | Sun | Mon | Tues | Wed | Thurs | Fri | Sat | Sun |
|---|---|---|---|---|---|---|---|---|
| Date | 1 | 2 | 3 | 4 | 5 | 6 | 7 | 8 |
| MAY | | | | | | ○ □ × | ○ □ × | |
| Date | | | | 1 | 2 | 3 | 4 | 5 |
| JUNE | | | | | | ○ □ × △ | ○ □ × △ | |
| Date | 3 | 4 | 5 | 6 | 7 | 8 | 9 | 10 |
| JULY | ○ □ × △ | ○ □ × △ | ○ □ × △ | | | ○ □ × △ | ○ □ × △ | |

2. 预订文件

(1)各类合同的副本。为便于查阅,预订员应将各类合同的副本,按客户单位类别,分册装订,然后按规定的次序排列。这类文件属饭店的机密文件,须妥善保管。

(2)有关预订的各类政策。饭店根据自身经营目标制定了预订的各类有关政策,例如订金政策、优惠政策、贵宾接待政策、信用政策等。客房预订处应拥有此类政策的副本,并要求预订员娴熟掌握,以便在接受预订过程中灵活自如地运用。

3. 预订设备

(1)预订资料柜。预订资料柜是用于存放所有订房资料的柜子。该柜的抽屉内竖放着按日期顺序排列的、可移动的资料夹,夹内存有同一天抵店订房客人的预订资料,该资料存放的方法与预订卡条的排列方法相同。在预订业务量不大的饭店,可考虑使用预订资料夹,取代预订资料柜,既方便又节省费用。其制作方法是:将一张两倍订房单大小的硬纸进行对折,两边用铝皮包封以防破损,再用一块标有具体日期(1~31)的塑料片或白色胶纸贴在夹子一面的正上方,然后按日期顺序排列,内存显示住客抵店日期的所有订房资料。

(2)打印机、复印机。客人以电话、传真、信函或口头等形式预订房间,因此,预订处需设置打印机、复印机等设备。

## 第二节 预订的程序

客房预订的程序可划分成下列七个阶段,如图2-1所示。

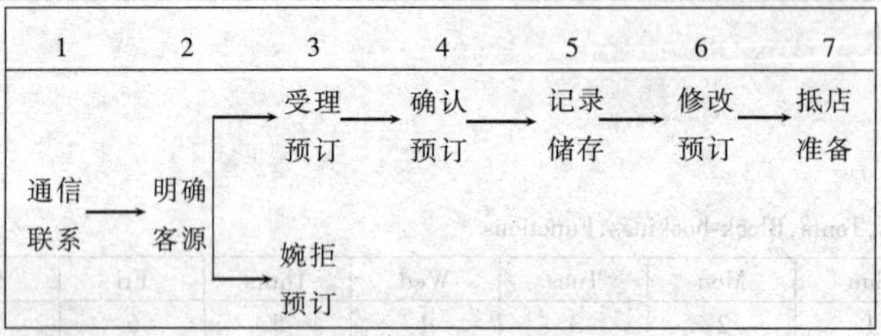


**图2-1 客房预订程序图示**

### 一、通信联系

客人一般采用电话、网络、信函、电传、电报、传真、当面洽谈等预订方式与饭店联系订房事宜。饭店为尊重起见,常采用同样的方式对客人的预订予以答复。

1. 电话预订

电话预订快捷、简便,且能迅速沟通。客人通过电话订房,可以立刻了解到饭店是否有自己所需的房间,房价是否合适;预订员也能立即了解到客人订房的具体要求,如所需房间的种类、抵离日期、付款方式、特殊服务要求等。在受理此类预订时,预订员应注意不能让对方久等。通常,电话铃一响便立即拿起听筒,主动问候,若电话响过二次或二次以上,预订员则应首先向客人致歉。另外,预订员应注意语言表达技巧,善于引导客人讲话,同时,在一定情况下应注意考虑给宾客以选择的余地。若对客人所提订房要求不能即刻进行明确的答复,应请对方留下电话号码,并商洽再次通话的时间。若可以接受、确认,则应在结束通话前,重复其订房的主要内容,包括抵店日期、用房种类、用房数量、间/天数等。

2. 网络预订

越来越多的连锁(联号)饭店,在预订办公室内安装了电脑终端,使得饭店间的预订联络变得非常迅速。电脑终端储存的预订信息,能随着接受每一个预订而更新。预订员将客人的订房要求输入电脑后,电脑即将此要求与客人所订抵店日期的可售房情况进行对照,并作出是否受理的判断。电脑数据库内所贮存的不仅包括过去、现在及将来的订房信息,而且还能将这些信息保留一段较长时期。随着饭店预订系统与航空公司、各大旅行社、海外旅游公司等机构的联网,网络订房已日益兴旺起来。

3. 信函预订

信函预订较适用于度假(村)旅馆和以接待会议客人为主的饭店。因这类客人订房时间距离实际抵店时间的间隔较长,他们有足够的时间进行订房。信函预订较正规,如同一份合约,对饭店和客人双方均起到制约作用。

在处理信函预订过程中,应注意下列几点:

(1)及时复信。如果客人同时向几家饭店发出信函进行预订,那么最先收到的回信,能赢得客人的好感,这对其选择饭店的影响极大。为此,多数饭店规定,发出复信的时间不得超过24小时,并使用打时机或时间戳,在每一封来信上打印出收信的具体时间,以便控制复信的速度。

(2)避免留下公函式信件的印象。饭店应设法使收件人感到,信件是专门为他所写,是一封私人信函。如信头的称谓不能使用"Dear Sir"而应正确使用客人的头衔和称呼,并准确拼写客人的姓名。

(3)复信内容应明确、简洁有条理。对于客人来信中提出的问题,一定要给予具体的答复,即使是对于不能应允或不能满足的要求,也应婉转地表示歉意,避免含混不清,应做到尊重对方,谦恭有礼。最好使用书面语,常见商务书信书面语句,可参见附录一。

(4)复信格式正确、完美。尤其应注意到中外文书信格式的不同点。英文书信格式的要求,可参见附录二。

(5)签名。信函中除注明复信人的姓名与身份外,还应有复信人的亲笔签名(最好再使用打字机打印一份,以便醒目易懂)。

(6)书写要求。地址、日期书写应完整、正确。

(7)文具选择。注意信纸、信封的质量及邮票的选择。

4. 电报、传真预订

近年来,由于通信技术不断发展,电报订房的数量已日趋减少,而传真预订却日益增加。若收到客人的电报预订,在时间许可且有回电地址的情况下,饭店亦应使用电报或传真予以答复。

5. 当面洽谈预订

此方式是指客人与预订员面对面地洽谈订房事宜。它不仅能使预订员有机会详尽了解客人的住宿要求,同时还能针对客人的神情、语气、行为等,采取相应的销售技巧,进行积极的推销。在客人离店前,接待员往往采取这种方式为客人办理返回预订(Returned reservation)手续,但此时应避免向客人许诺具体的房号,以避免因情况的变化而失信于客人,影响对客服务的质量。

**二、明确客源**

饭店的客源主要来自于7条途径,如图2-2所示。

通常,饭店将图2-2所示来源的客人预订分成两大类:散客预订和团体预订。二者的主要区别在于:

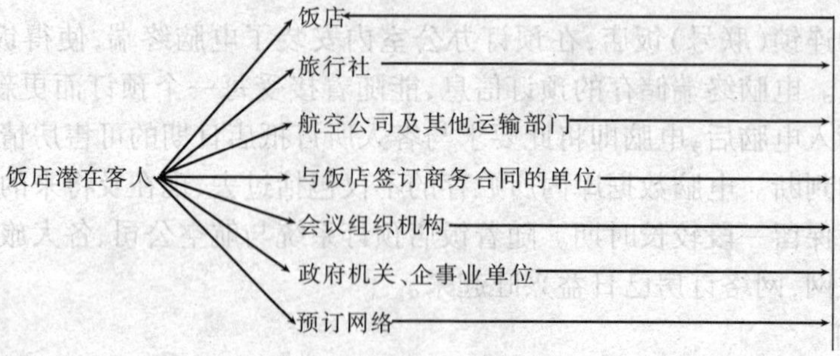


**图 2-2　客源主要途径**

(1)是否有团体联络员(如团队领队);

(2)是否由团体支付全部或部分团体费用(如团队中的主账单由与饭店签订合同的单位支付);

(3)是否享有团体优惠价格、特别服务、提前留房等。

值得说明的是,如果团体未在抵店前的某一合适时间(截止日期前)确认其所订的房间,多数饭店将取消这些预留房。

## 三、受理或婉拒预订

决定能否受理一项订房要求时,有4个因素特别重要:

(1)预订的抵店日期;

(2)客房种类;

(3)用房数量;

(4)住店间/天数。

预订员对照抵店当天可售房的状况,可判断客人的需求与饭店的供房能力是否吻合,从而决定是受理预订,还是婉拒预订。

受理预订意味着预订员将根据预订程序,从事下一阶段的确认预订工作。反之,婉拒预订即婉言拒绝客人的订房要求,但并非终止饭店的对客服务,而应根据当时的实际情况,主动建议客人作些更改。除此之外,亦可将客人的订房要求及预订人的姓名、电话号码等记录在"等候名单(Waiting-list)"上,随后检查落实,一旦有了客房,立即通知客人。总之,使用建议代替拒绝,是十分重要的。有些饭店为了维持应有的水准,还专门设计了书面婉拒预订的致歉信或道歉卡,如图2-3所示。饭店也可用专业句型给客人寄发婉拒预订的书信。婉拒预订的书信句型,可参见附录三。

Reservations regret card

The SHERATON-LANDMARK HOTEL regrets that due to capacity bookings at this time, we are unable to accept reservations for

……………………………………………………on……………………………………………………

We thank you for your interest, and do hope to have the opportunity of being of service at some future date.

SHERATON-LANDMARK HOTEL

Reservation Dept.

**图 2-3　饭店的道歉卡**

**表 2-6** **散客客房预订确认书**

THE MARCO POLO SINGAPORE

Tanglin Road Singepore 1024 Tel:4747141 Telex:RS21476 Cable:Homarcpob"singepore

CONFIRMATION: DATE: FORM No.: 0135

Guest Name Hotel

Arrival on: ______ by: ______ Time: ______

Departure on: ______ by: ______ Time: ______

Transfer required: ______

| No. of persons | Single occupancy | Twin occupancy | Room category | Rate in local currency |
|---|---|---|---|---|
| | | | Standard | |
| | | | Superior | |
| | | | De Luxe | |
| | | | Suite | |

Rooms are held untill 6:00 p. m. unless arrival details, deposit or guarantee is received. Check out time:12:00 noon.

A day's room charge is applicable if cancellation notice is received within 24 hours prior to arrival.

A 10% service charge and 3% tax will be added to your bill.

Rates are subject to change without notice.

Meals are not included in room rates.

Issue by: ______

Designation: ______

Signature: ______

**PAYMENT INSTRUCTIONS**

□Account to be sent to our company □Client will pay directly ______

COMPANY STAMP & SIGNATURE

DESIGNATION

Please present this confirmation upon check-in. FO/004

MARCO POLO

**RESERVATION COPY**

## 四、确认预订

受理预订后，预订员下一步的工作流程是确认客人的订房。通过确认，不但使饭店进一步明确了客人的预订要求，再次证实客人的个人情况，而且还在饭店与客人之间就房价、付款方式、取消条款等问题达成协议。表2－6为预订确认书，从表面上看，确认尤其是书面确认只是重复了客人的订房要求，但实质上却使饭店与客人之间达成了正式的协议。尽管如此，在实际工作中多数饭店却并未设计专门的预订确认书，而是由预订员使用确认预订的书信句型，给客人寄发确认信件。确认预订的书信句型，可参见附录四。

## 五、记录、储存预订资料

预订员接下来的工作程序，是对预订资料进行记录、储存。预订资料包括一切与客人订房相关的资料，如客房预订单、客房预订变更取消单、客人原始订房资料（信函、电报、传真等）、预订确认书、客人交付订金（预付款）的收据、客史档案卡等。有关同一客人的上述资料必须装订在一起。其排列顺序是最新的资料放在最上面，以利于查用。例如，有关Mr. Williams的几份订房资料：

（1）向Mr. Williams发出的推销信件；

（2）Mr. Williams要求询问价格、服务项目的咨询信件；

（3）Mr. Williams来电传更改其预订；

（4）Mr. Williams的预订信件；

（5）确认Mr. Williams预订的信件；

（6）新的最终发给Mr. Williams的预订确认信。

上述订房资料的正确装订顺序应该是：(6)(3)(5)(4)(1)(2)。

对预订资料的记录，可采用下列步骤：填写客房预订单→标注客房预订汇总表→制作并存放预订卡条→填写预订记录簿→填写预订登记本。

储存预订资料，可采用两种顺序：一种按客人所订的抵店日期顺序存放，同一天抵店的订房资料按姓氏字母顺序排列，这可使预订员知道某个日期有多少客人入住饭店；另一种是按客人姓名字母顺序存放，这种方法有利于查找客人的订房资料。如果客人的订房资料中有两项以上的订房要求，或随行的客人将分几批在不同的日期陆续抵店，预订员应复印客人的订房资料，并按不同的抵店日期顺序或不同的姓名字母顺序分别储存，以供随时查阅。

## 六、修改预订

虽然预订被饭店受理、确认，但客人在抵店前还可能对预订内容作出更改，以至完全取消订房。为此，预订员应对预订进行修改，并注意下列要点：

（1）必须记录的最新订房要求，可填写预订变更单或取消单，不可在原始的订房单上进行涂改。

（2）接到修改预订的电话通知后，预订员除记录变更内容外，还应弄清来电人的姓名、电话号码、单位名称等，以便双方联系。

（3）修改相应的预订记录，如重新标注预订总表、打制预订卡条及记录簿、登记本等。

（4）若预订的修改内容涉及一些原有的特殊安排，如订金、接机、鲜花、水果、房内布置等，则应尽快给相关部门发送变更或取消通知单。

客人在取消时限内通知饭店取消其订房，无疑是有益于饭店的。饭店应尽量简化取消预订的手续。较好的方法是使用预订取消编码，该编码一般由原订的抵店日期、饭店的编码、预订员的姓名缩写和取消号组成。例如，取消编码 523 11 XJ502。其前三位数“523”表示客人原定的抵店日期(月、日先后顺序应统一)；接下去的两位数“11”表示该饭店的编码；字母“XJ”是预订员姓名的两个英文字头；最后三位数“502”，则表示饭店取消序号。通常，取消编码记录在订房资料上，并在取消预订登记本上存档。

总之，处理取消预订时，预订员应耐心、高效地予以受理，并希望有机会能再次提供服务。据统计，事实上 90% 取消预订的客人仍会返回来在原饭店预订的。综上所述，不论是更改还是取消，或是婉拒预订，客人或饭店均有切实的原因，预订员不仅应面对现实，而且也应表现出极大的热情和有效的帮助。

## 七、抵店准备

在客人实际抵店前的最后一项工作，便是进行客人抵店前的各项准备。完成好这项工作，既有助于缩短客人办理入住登记的时间，又能向客人提供针对性的服务，尤其是注意到接待中的细小环节。

通常，小型饭店抵店前的准备工作，是以口头形式相互传递并完成的；而在大型饭店，一般则需进行三个阶段的工作：

(1)提前一周或数周，将主要客情，如贵宾(VIP)、大型会议团队、饭店客满等信息通知各部门，以做好相应准备。其方法可采取抄送各类预报表、接待计划，亦可建议召开由总经理或运转总经理主持的协调会。如使用一周客情预报表、贵宾接待规格审批表等，见表2-7和表2-8。

表 2-7　　一周客情预报表

日期：从____月____日至____月____日

| 日期 | 星期 | 抵店 | 离店 | 住房 | 空房 | 待修房 | 住房率% | 人数 |
|---|---|---|---|---|---|---|---|---|
| | | | | | | | | |
| | | | | | | | | |
| | | | | | | | | |
| | | | | | | | | |
| | | | | | | | | |
| | | | | | | | | |

送：总经理________饮食部________大　厅________　　本期平均住房率：

副总经理________客房部________问　讯________

值班经理________商场部________开　房________

营业部________财务部________　　预订组制表人：____________

安全部________工程部________

表2-8　　贵宾接待规格审批表

年　月　日

| | | | | |
|---|---|---|---|---|
| 团队名称<br>贵宾姓名 | | | | |
| 情况简介 | | | | |
| 审批内容 | 1. 房费：A. 全免　B. 赠送会客室一间　C. 房费按______折收　D. 按______元收费；<br>2. 用膳：在______餐厅用餐，标准______元/人（含否饮料）；<br>3. 房内要求：A. 鲜花　B. 小盆景　C. 水果　D. 宜兴果盆　E. 葡萄酒及酒杯　F. 欢迎信<br>G. ______名片　H. 礼卡　I. 饭店宣传册；<br>4. 迎送规格：A. 由______总经理迎送　B. 由______部经理迎送　C. 锣鼓迎送　D. 欢迎队伍<br>5. 其他： | | | |
| 呈报部门 | | 经办人 | | 部门经理 |
| 总经理批署： | | | | |

（2）抵店前夕，将具体接待安排通知相关部门。如分发次日抵店客人预订表、团队/会议接待单、派车通知单、房价折扣申请表及鲜花、水果篮通知单（见表2-9）等。

表2-9　　鲜花、水果篮通知单

______月______日

| | |
|---|---|
| 姓　　名______　房号______ | 付款方式： |
| 送达的日期______　时间______ | 现金 ☐ |
| 具体要求______ | 信用卡 ☐ |
| 付款客人的姓名______　房号______ | 转账 ☐ |
| 备注______ | |

（3）抵店当天，前台接待员应根据客人订房的具体要求提前分配房间，并将有关细节（变更或补充）通知有关部门以搞好接待，共同完成抵店前的各项准备工作。

## 第三节　使用电脑处理预订信息

### 一、预订信息的电脑处理

前厅部利用电脑来处理订房信息，可大大提高预订工作的效率，并取代预订显示架等设备，使客房预订处及总台接待处腾出许多空间；在饭店客情预测预报方面，亦能自动预报预留房数、可售房数、出租率及客房收入等,操作也极为方便。

预订通过电脑操作,将客人预订信息输入电脑系统,以便预订处及饭店有关部门在数据库中检索资料,从而展开客房销售工作。饭店所购电脑软件系统不同,其信息处理的操作方法也不同,下面介绍一种预订信息的录入操作程序:

(1)将客人的抵店日期、所需客房种类、用房数量及住店夜次输入电脑,查看能否接受。如果被接受,则将电脑调整到接受新预订工作状态,并输入所有相关的订房资料,建立电脑预订记录。

(2)在电脑中找寻该预订客人是否属常客(回头客),如果是,则将该预订通过特定程序输入电脑。这样,该预订信息就会显示出客人是常客,可为有关部门做好接待准备工作提供信息依据。

(3)核对、检查输入的信息内容是否正确,并对错误处进行修正。一切检查无误后,最后输入确切指令。此时,电脑系统中已形成了客房销售的最初信息,即在饭店销售系统中,已获得了一部分未来客房销售情况的预测资料。这是为以后的预订管理和客人入住提供的信息,可随时调出使用。

(4)客人入住时,电脑已将预订记录的内容编印成入住登记卡,从而大大简化了客人入住的登记手续。

为便于理解和掌握,我们以图示的方法加以介绍,如图2-4所示。

## 二、预订的控制和检查

客房预订组是前厅部的重要组成部分之一,主要负责客人抵店前的客房预订工作,以便更好地推销饭店产品。为确保其顺利开展,从预订的受理、确认、记录、储存到预测预报,都要进行一定的控制和检查,若其中任何一环出现问题,都将影响对客服务,甚至产生超额预订(Overbooking)或缺额预订(Underbooking)的问题。为此,前厅部管理人员应该着手控制、检查客房预订总表,核对已输入电脑的订房信息及客情预报信息等,以确保准确。同时,应熟知饭店产生超额预订与缺额预订的原因,尤其是影响住房率变动的数字(包括:预订过但未抵店客人的用房数量、临时取消订房客人的用房数量、提前离店客人的用房数量和延期离店客人的用房数量等),而不可盲目地进行控制、检查。否则,将发生饭店确认了客人的订房,而客人在实际抵店时,却无法为其安排房间等问题。这种失约行为会引起客人的极大不满。因此,顶订员在日常对客服务中,应加强责任感,强化专业知识与技能的培训。下面以图示的方法对预订的控制加以概括,如图2-5所示。

## 三、预订中失约行为的处理

饭店客房预订中的失约行为,可概括为处理方法各不相同的三种情况。

1. 客人声称自己已办订房手续,但饭店无法找到其订房资料

遇到此类情况,接待人员应首先设法寻找客人的订房资料,如询问客人什么时候订的房?使用何种方式?预订人(单位名称)是谁?确认人是谁?有否将饭店名称弄错?再查找住客姓名、次日抵店客人名单(包括以后数天的,及前一天抵店的客人名单等)。若经查找,客人属提前抵店或是延迟抵店者,总之,客人未能按时抵店,而饭店又已客满时,前厅部员工应尽力为客人寻找落脚点,解决其面临的困难。可考虑将客人安置到附近的同等级饭店,代为安排交通工具,如次日有房间提供,可询问客人是否愿意搬回,并为之办理次日的订房手续。同时,更为细致的做法,是将客人的姓名及其他有关资料通知问讯处和总机,以便

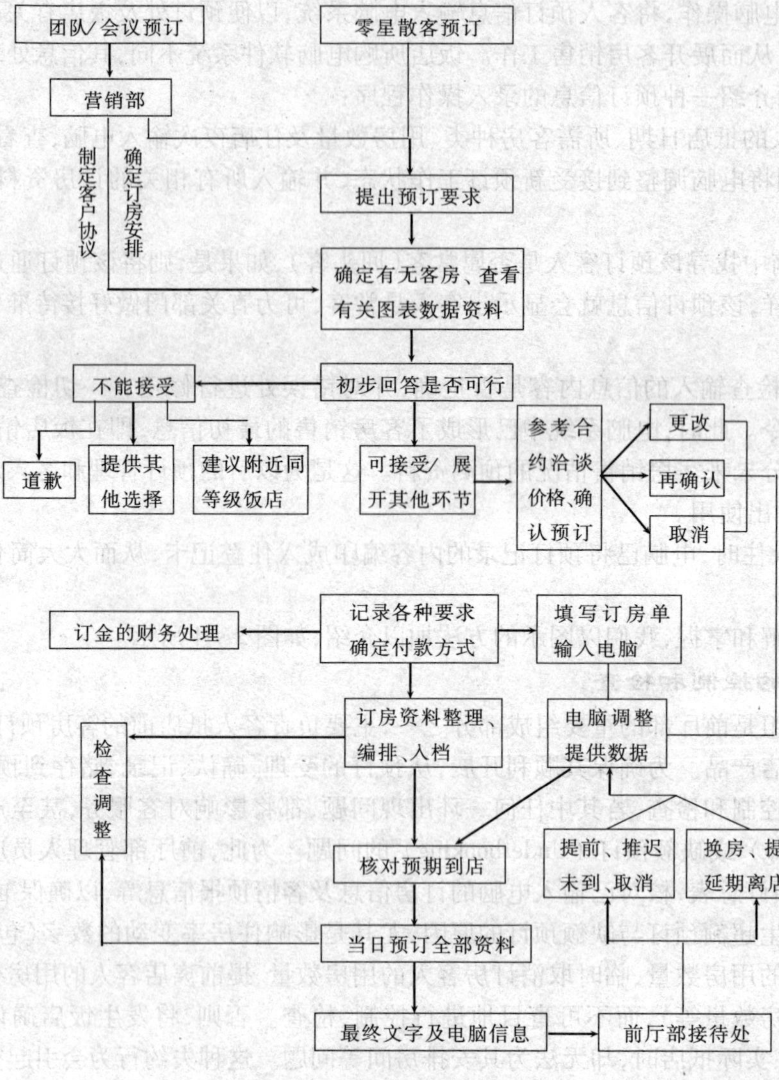


**图 2-4 电脑预订操作程序图**

向客人提供邮件及查询服务。若经查找，确认客人系当天的订房客人，但饭店此时已无法为其开房，其处理方法则应相同于下述的第 3 类情况。

2. 客人抵店时，饭店已将为其保留的客房转租给他人

这类情况，是指客人实际抵店时已超过了下午 6 时，或是指定的车次、航班抵达后客人未在规定的时间内抵店，又未与饭店进行联系。在用房紧张时期，饭店可将为其保留的客房出租给其他客人。对于此类客人的处理方法，基本与第 1 类相同。部分饭店还为该类客人提供由本店到本店帮助联系的可入住饭店间的单程交通费用，以示尊重客人。

3. 饭店无法为确认类或保证类预订客人提供客房

这类情况，是指客人持有本饭店预订确认书及保证类订房的证明，或指订房客人在下午

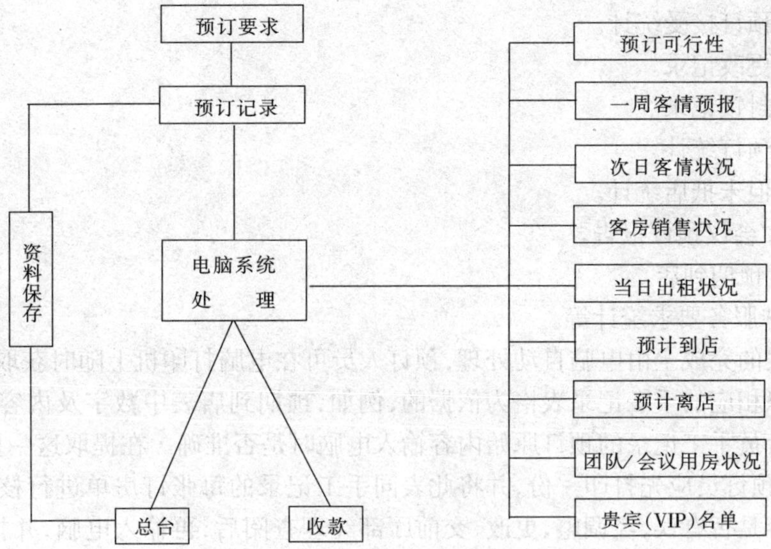


**图 2-5　预订控制流程图**

6 时前,或在指定时间内抵店,而饭店却无法为其安排客房。此时,前台员工应十分认真地做好安置工作,尽量减少不良影响。国际惯例的做法为:

(1)支付客人住其他饭店第一夜的房费(通常仅限于保证类订房的客人)。

(2)支付客人搬到其他饭店及返回本店之间的双程交通费。

(3)免费提供一次或二次长途电话费或电传费,便于客人能将临时改变住宿地址等消息通知有关方面。

(4)次日应首先考虑安排此类客人的用房,并做好客人搬回本店时的接待准备工作,如大堂经理在大厅迎候、房内登记等。

(5)该类客人住店期间享受贵宾待遇。

**四、报表的制作与使用**

客房预订处制作使用的各类报表,除供预订人员自己作为工作资料参考外,更主要的是提供给饭店其他业务部门或上级管理人员参阅。由于预订工作不断趋于计算机化,实际上手工制作的各类报表已经很少,主要有:

(1)预订登记本统计的客房间/天数报表。

(2)饭店预订系统的季节报价。

(3)旅行社房价一览表等。

事实上,以上几份报表的制作所依据的各项数据,亦是参照电脑所提供的信息而确定的。因此,这类报表实际上是某些计算机报表的延伸报告。计算机系统所提供的有关客房预订的报表相当繁多,内容十分广泛。尽管各家饭店有所差异,但一般包括:

(1)客情预报。

(2)客房出租预测。

(3)预期到店(抵店)。

(4)每日预订接受统计。

(5)预订更改记录。

(6)客房封锁记录。

(7)取消预订统计。

(8)预订但未抵店统计。

(9)团队/会议预订报告。

(10)VIP 预期到店。

(11)特殊服务要求统计等。

上述报表的完成全由电脑自动处理,预订人员可在电脑打印机上随时获取。其中,有些报表内容是以相应的手工记录表格为依据的,例如,预期到店表中数字及内容精确与否,要看最初由预订员手工记录的预订原始内容输入电脑时是否准确。在提取这一报表并分发给有关部门前,预订员应先打印一份,并将此表同手工记录的每张订房单进行核对,检查电脑中的信息内容是否有误,经调整、更改、交前厅部经理查阅后,再输入电脑,并打印分发给相关部门,以确保信息准确无误。

下面,我们着重介绍客情预报表(见表2-7"一周客情预报表")的手工制作程序:

(1)根据客房状况显示架上客房状况卡条的数量,统计出住客用房数及离店客人的用房数。

(2)根据订房资料,统计出预测期内订房客人抵店、住店、离店的用房数。

(3)根据经验分别推测出预订但未抵店客人(No show)、提前离店客人(Under-stay)、延期离店客人(Over-stay)及未经预订而直接抵店客人(Walk-in)用房的百分比。

其计算公式为:

$$①预订而未抵店客人用房数百分比=\frac{预订而未抵店客人用房数}{订房客人用房数}\times 100\%$$

$$②提前离店客人用房百分比=\frac{提前离店客人用房数}{预期离店客人用房数}\times 100\%$$

$$③延期离店客人用房百分比=\frac{延期离店客人用房数}{预期离店客人用房数}\times 100\%$$

$$④未经预订而直接抵店客人用房数百分比=\frac{未经预订而直接抵店客人用房数百分比}{抵店客人用房数}\times 100\%$$

(4)根据推测结果,适当调整每天抵店、离店的客房数量。

(5)计算出租客房数。

$$出租客房数=\begin{matrix}前一天的\\实际用房数\end{matrix}+\begin{matrix}次日抵店\\的用房数\end{matrix}-\begin{matrix}次日离店\\的用房数\end{matrix}$$

(6)根据每天客源中散客与团队的比例,估计预期抵店的客人数。

(7)将草表呈交给预订主管审查。

(8)打印并发往相关部门。

随着抵店日期的临近,预测的精确率越来越高。

当日或次日可售房数量的计算公式为:

可售房数量=饭店客房总数-待修房数-住店客人用房数-预订客房数-延期离店客人用房数+预订客房数×不抵店客房数百分比+提前离店客房数

此外,预订处制作的各类报表还包括:客房营业分析对照表、房价及预订情况分析表、客源分析表等，以供饭店管理人员做统计分析之用。

## 第四节 客史档案

### 一、客史档案的用途

1. 客史档案可向饭店提供的信息

(1)该客人是否曾住店？什么时候住过？住过几次？

(2)客人住店期间有何爱好、习惯？喜欢哪一类型的客房或哪间客房？

(3)客人住店期间的消费累计额为多少？有何消费倾向？有无欠款漏账？

(4)客人有无接待单位？哪家接待单位？该单位输送的客源状况如何？

(5)客人对饭店的满意度怎样？有无投诉？涉及哪些问题？处理结果如何？

(6)客人的个人基本情况等。

2. 饭店利用客史档案可开展的工作

(1)利用客史档案完成客人再次抵店前的各项准备工作。

(2)利用客史档案在圣诞节、春节等重大节日前夕，给曾住店的客人发送短信、邮件或寄发饭店精心设计、选择的节日贺卡等。

(3)利用客史档案给住店多次的常客寄发感谢信或征求建议书等。

(4)利用客史档案寄发饭店的促销宣传品。

(5)客史档案是开展公关、营销，取得有关市场调研信息的重要来源。

(6)客史档案是饭店为顾客提供针对性、个性化服务的依据。

### 二、客史档案的内容

客史档案是饭店对住店一次以上的客人(如零星散客、团队领队、会议组织者等)，按其姓氏字母顺序排列的索引卡。每张卡片上记录了住店客人的基本情况与饭店所需的信息资料。未使用电脑的饭店常将客人入住登记表的最后一联(加厚)，作为档案卡存放在档案柜内，在住店客人每次离店后，将其相关信息累计在卡片上以供查阅。已使用电脑的饭店，电脑会根据事先设计好的指令，记录、储存客人的档案资料，并可随时打印出来以供使用。

通常，饭店建立的客史档案包括下列具体内容：

1. 客人首次抵店时所登记的个人情况资料

(1)姓名、头衔。

(2)职业、出生年月。

(3)永久通信地址、电话号码、邮箱等。

(4)国籍、有效证件号码等。

2. 客人每次住店所登记的可变情况

(1)抵店日期。

(2)离店日期。

(3)接待单位名称。

(4)喜欢的房号、餐桌号。

(5)偕行人员情况等。

3. 其他特殊情况

(1)客人经常提出的特殊服务要求。

(2)饭店每次给予的优惠或折扣。

(3)客人住店期间的消费状况等。

此外,有些饭店将客人投诉书面资料的复印件与客人的档案卡装订在一起,以便在客人再次入住前提醒相关部门,做好针对性、个性化的服务工作。

## 三、客史档案的管理

饭店有效管理客史档案,可从下列三个方面着手进行,包括客史档案的有效运行、客史档案的清理,以及建立客史档案应注意的管理细节。

1. 客史档案的有效运行

通常,客史档案卡是由前厅员工在客人离店后建立并存放于客史档案柜内,当该客人再次预订客房时,卡片就被取出并与其他订房资料一道存放于预订资料箱内(部分饭店直到客人抵店的前一天,才将该卡片从档案柜内取出)。在客人实际抵店后,客史档案卡连同住宿登记表一起,存放于在店客人卡片箱内。有关客史档案卡的运行,如图2-6所示。

图中运行线路序号具体内容为:

(1)客人订房时饭店查阅档案,可了解该客是否曾住店?住过几次?需要提供何种服务、有否特殊要求,及其爱好等相关情况。

(2)一位未经预订的常客抵店,接待员在客人填写入住登记表时寻找该客人的客史档案卡,以提供个性化服务。

(3)未经预订的客人第一次住店。

(4)饭店常客进行订房。

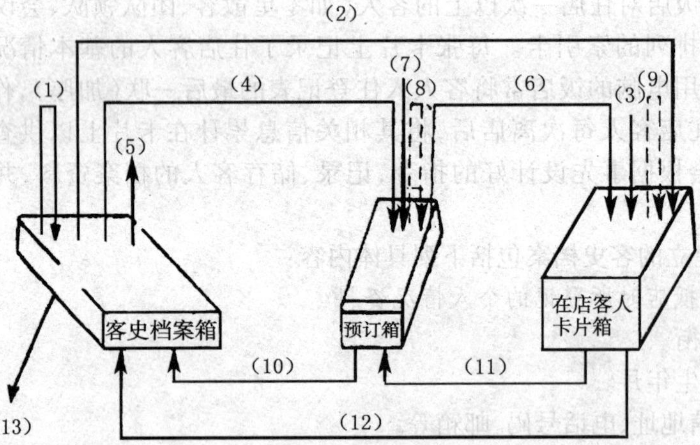


**图2-6 客史档案卡运行线路图**

(5)将次日抵店的客人档案卡取出,做好客人抵店前的准备工作。

(6)预订过的客人抵店。

(7)客人首次预订饭店的客房。

(8)客人更改其订房内容。

(9)住客调换房间。

(10)客人取消预订。

(11)客人离店时,办理返回预订。

(12)客人结账离店。

(13)清理、废除过期的客史档案卡(亦称死卡)。

2. 客史档案的清理

为充分发挥客史档案的作用,饭店每年应对客史档案卡进行1~2次系统的检查和整理,大多选择在淡季进行。检查卡片的存放是否严格按字母A—Z顺序排列并整理、剔除过期卡片(即"死卡")。清理客史档案卡片时,以多久未住店为期限列为死卡,各家饭店的规定不尽相同。值得借鉴的是,在剔除过期卡片前,应寄份"召回书",以唤起客人对留住店时美好印象的回忆,进行一次促销。

3. 建立客史档案应注意的管理细节

建立客史档案,从建卡、填写、记录、储存到查找,确需花费一定的人力和物力,饭店经营管理人员应根据饭店自身的市场定位、营销策略,来分析建立客史档案所付出的努力与所产生的效益是否成正比,从而决定取舍。通常,强调针对性、个性化服务且回头率较高的饭店,坚持为所有住店的散客、团队的领队以及会议组织者建立客史档案。

饭店一旦为客人建立了客史档案,就应注意下列管理细节:

(1)首张客史档案卡片填满后,必须另建一份新的卡片,尤其注意将新、旧卡片装订在一起,确保该客人资料的完整性。

(2)在调用抽出所需卡片时,应顺手将其第一张直立,或用塑料片、硬纸板等作个记号,以确保在放回卡片时迅速找到原位,既节省时间,又不至于放错。

(3)饭店如使用着色的卡片来制作客史档案卡,则必须与饭店所使用的客房预订卡条和客房状况卡条色彩示意相同,且每种色彩所代表的相应客源应明确、统一。

(4)清理出的"死卡",必须使用碎纸机进行销毁处理。

总之,客史档案为饭店提供了珍贵的信息资料,通过对它的有效利用,不仅能使饭店的服务更趋针对性和个性化,而且,也为饭店进行市场调研和可行性分析提供了有效的依据。饭店应特别重视建立、健全和完善客史档案系统。

**本章小结**

客房预订是指客人预先要求饭店为其在某段时间内保留客房所履行的手续,也叫订房。预订在得到饭店的确认后,饭店与客人之间便确立了一种合同关系。据此,饭店有义务以预先确定的价格为客人提供他希望使用且已得到饭店确认的客房。预订是饭店的一项重要业务,对客人来说,通过预订可以保证住房的需要。而对于饭店来说,通过预订可以使饭店提前占领客源市场,提高客房利用率。因此,饭店设置订房机构,拥有预订系统是非常必要的。

**思考与练习**

1. 叙述饭店手工预订与预订信息的电脑处理,在设备和受理程序上的主要区别。

2. 在何种情况下，可以考虑许诺客人保留具体的房号？事后，应该做些什么？

3. 使用预订确认书确认客人的订房，有哪些有利之处？试就某家饭店预订确认书的具体内容加以分析。

4. 客房预订的控制非常重要，作为一名预订员应如何做好预订控制工作，并避免出现超额预订现象？

# 第3章 前厅接待

学习重点

- 前厅接待登记所需表格及入住登记程序
- 客房状况的种类与控制流程
- 离店服务程序及信息沟通

## 第一节 入住登记

办理客人入住登记手续，不仅可使饭店获得客人的重要个人资料，而且亦是遵守国家法律有关户籍管理的规定。同时也在尽力满足客人的住宿要求、推销饭店的设施与服务，以及为客人入住后各类表格、资料的形成等方面发挥着积极的作用。因此，不论何种客人入住饭店，均须办理登记手续。

### 一、入住登记所需表格

1. 住宿登记表(Registration form)

此表的设计格式、所列项目因饭店而异。但其内容一般包括两大类：一类为户籍管理规定的登记项目，如完整的姓名、国籍、出生年月、永久地址、有效证件号码、职业等；另一类为饭店对客服务与管理所需的登记项目，对此，介绍如下：

(1)房号。注明房号是为了便于查找、识别客人及建立客账。

(2)房租。注明房租，能使客人与饭店就价格问题达成最终一致的意见，且房租亦是建立客人账户、预测客房营业收入的重要依据。

(3)付款方式。注明付款方式，便于饭店决定客人在店期间的信用限额(House limit)，同时也有助于提高客人结账离店工作的效率。

(4)抵离店日期、时间。正确掌握客人的抵店日期、时间，有助于结账及提供邮件服务的顺利进行；而了解客人的离店日期、时间，则有助于客房预测及排房工作，尤其在旺季，取得客人亲笔填写的离店日期，可使饭店处于比较主动的地位。通常，接待员会提前一天，给预计次日离店的住客打电话，或让行李员递送留言单，以核实住客次日离店的确切时间。此举，应注意方式方法，以免引起客人的反感。

(5)永久地址。请客人正确填写完整的永久地址，有助于饭店与客人间的事后联系。如客人离店后的账务处理、遗留物品处理，及邮寄服务等。

(6)账单编号。填写账单编号，是为了能根据客人姓名顺序查找出账单存根，以便于有关账务等问题的处理。

(7)有关饭店责任的声明。声明内容通常包括：退房结账时间、会客须知、查验证件、贵重物品保管等。

(8)接待员签名。接待员签名的目的，是为了加强员工的责任感，亦是饭店控制质量的措施之一。

(9)其他。与饭店市场调研有密切关系的项目(如旅行目的、订房渠道、住店次数、交通工具、下个目的地等)。

为方便起见，饭店通常使用境外旅客登记表、内宾登记表及团队住宿登记表。下面分别介绍手工操作住宿登记表(见表3－1)和电脑化住宿登记表(见表3－2)。

**表3－1　(手工操作)住宿登记表**

**临时住宿登记表**

REGISTRATION FORM OF TEMPORARY RESIDENCE

账单编号
FOLIO NO.

<table>
<tr><td rowspan="2">姓　名<br>Name in full</td><td colspan="4">中　文<br>In Chinese</td><td>性　别<br>Sex</td><td>出生日期<br>Date of birth</td></tr>
<tr><td colspan="5">原　文<br>In original language　　姓(Surname)　　名(First names)</td><td>国　籍<br>Nationality</td></tr>
<tr><td colspan="2">籍　贯<br>Place of birth</td><td colspan="2">职　业<br>Occupation</td><td colspan="3">护照号码/签证号码<br>Passport No./Visa No.</td></tr>
<tr><td colspan="7">永久地址<br>Permanent address<br>□Home　□Office</td></tr>
<tr><td colspan="4">工作单位<br>Unit</td><td colspan="3">接待单位<br>Received by</td></tr>
<tr><td>到达日期<br>Arrival date</td><td>由何处来<br>From</td><td colspan="2">离开日期<br>Departure date</td><td colspan="2">往<br>To</td><td>停留事由<br>Object of stay</td></tr>
<tr><td>房　号<br>Room No.</td><td colspan="2">房　租<br>Rate</td><td colspan="2">付款方式：<br>Payment：</td><td>现　金<br>Cash□</td><td>信用卡<br>Credit card□</td></tr>
<tr><td colspan="3">住客签名<br>Guest signature</td><td colspan="3">转　账<br>Transfer□</td><td>其　他<br>Others□</td></tr>
<tr><td colspan="6">请把贵重物品存放在收款处，否则如有遗失酒店概不负责。<br>Valuables：Our hotel is not liable for any loss or damage.<br>Please contact the cashier desk for safe deposit services.</td><td>接待员<br>Receptionist</td></tr>
</table>

**表3－2　(电脑化)住宿登记表**

REGISTRATION

| | |
|---|---|
| Room Number | |
| Rate | |
| Arrival Date | |
| Dep Date | |

If there is any change in the information presented above, please notify front desk clerk.　　CHECK-OUT TIME 12 NOON

续表

**GUEST REGISTRATION**

| ACCOUNT NUMBER | ARRIVAL DATE | DEPARTURE DATE | ARRIVAL TIME | NO. OF ROOMS | ROOM TYPE |
|---|---|---|---|---|---|
| | | | | | |
| DAILY RATE | NO. OF GUESTS | ADVANCE DEP | ROOM NO. | | PACKAGE PLAN |
| | | | | | |

| | | |
|---|---|---|
| SURNAME | FIRST NAME | |
| CURRENT RESIDENCE/COMPANY ADDRESS | PASSPORT NO<br>DATE/PLACE OF ISSUE | |
| | NATIONALITY | DATE OF BIRTH |
| COMPANY/CONVENTION | OCCUPATION | |
| NEXT DESTINATION | NAME OF HOTEL | CHECK OUT TIME 12 NOON<br>NO TIPPING PLEASE |

| METHOD OF PAYMENT:<br>EXPIRY DATE: | □ CASH | □ VISA | □ MASTER CARD | □ AMEX | □ DINERS CLUB | □ CARTE BLANCHE | □ VOUCHER | □ COMPANY ACCOUNT | □ OTHER |
|---|---|---|---|---|---|---|---|---|---|

| | |
|---|---|
| IMPORTANT (1) Guests are requested under Section. 32(3) Hotel Licensing Regulation to produce their passports to the Hotel Clerk or Receptionist.<br>(2) The Hotel Liabilties for valuables is governed by Section 3 Innkeepers Act Chapter 36. Guests are advised to read the notice at the Reception Desk. | CREDIT CARD/VOUCHER NO. |
| | SIGNATURE |

2. 房卡(Room card)

房卡,亦称钥匙卡(Key card)或饭店护照(Hotel passport),它起着证实住客身份的作用。房卡的设计形式、内容,各家饭店有所不同,但一般包括客人姓名、房号、房价、失效日期、宾客签名、住客须知及接待员签名等项目。部分饭店设计此卡时还刊有总经理的欢迎词、本饭店所提供的服务项目及服务设施,并附有地理位置和主要交通线路的示意图,这不仅促进了销售,同时也给住客提供了方便。饭店的房卡(正反两面)如图3-1所示。

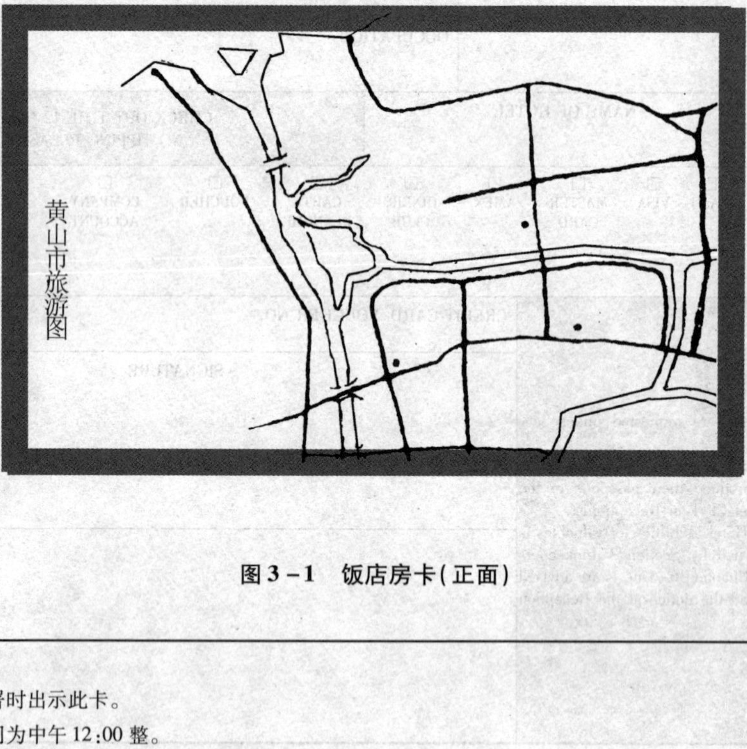


**图 3－1　饭店房卡（正面）**

· 请于餐后签署时出示此卡。

· 离店结账时间为中午 12:00 整。

· 如需延迟至下午 6:00 离店，按全天房价的 50% 收费；如需超过下午 6:00 离店，按全天房价收费。

· For your convenience, please produce this card when signing in restaurants and bars.

· Check-out time is 12:00 at noon.

· 50% of daily room rate is charged for extension up to 6:00 p. m. After 6:00 p. m. full day room rate applies.

宾客姓名
Guest Name ____________

抵店日期　　　　　　　　失效日期
Arr. Date ____________ Expiry Date ____________

续图

| | |
|---|---|
| 房号<br>Room No. ________ | 房租<br>Room Rate ________ |
| 宾客签名<br>Guest Signature ________ | |
| 接待员签名<br>Receptionist Initials ________ | |

图3-1 饭店房卡(反面)

## 二、散客入住登记程序

散客入住登记程序,可由六个部分组成,如图3-2所示。

| 1 | 2 | 3 | 4 | 5 | 6 |
|---|---|---|---|---|---|
| 识别客人有无预订 | 形成入住登记记录 | 排房定价 | 确定付款方式 | 完成入住登记手续 | 建立相关表格资料 |

图3-2 入住登记程序图

1. 识别客人有无预订

饭店对预订客人和未经预订而直接抵店的客人,办理入住登记手续是有所区别的。因此,接待员应首先识别前来入住的客人有无预订。具体做法是面带微笑,主动问候并询问有无订房。若客人已订过房,则应迅速查阅次日抵店客人一览表或电脑打印的预期到店表,并复述其订房主要内容,尤其是客人所订的房间种类、住店夜次。经客人确认后,请客人填写登记表。对于携带订房凭证(Hotel voucher)的客人,接待员应礼貌地请其出示订房凭证的正本,然后注意检查下列内容:订房凭证发放单位的印章、客人姓名、饭店名称、住宿天数、房间种类、用餐安排、抵离日期等;对于已付订金的客人,接待员应再次与其核实定金数额;对于未经预订而直接抵店的客人,则应首先询问客人的住宿要求,同时查看当天的客房预订状况及可售房情况,以判断能否满足客人的要求。若能提供客房,就请其登记并准备排房;若不能接受,则应设法为客人联系其他饭店,给客人以耐心细致的帮助,使其留下良好的印象。

2. 形成入住登记记录

(1)对于预订过的散客,由于饭店在客人订房时就已掌握其部分资料,因而在客人实际抵店前,便将有关内容填写在登记表中,形成预先登记表,并将其按客人姓名字母顺序排列在专用的箱内。客人抵店时,即可根据姓名迅速查找出该客人的预先登记表,请其填完其他有关内容并签名,经核对证件后,入住登记的记录就形成了。

(2)对于订过房的贵宾、常客,由于饭店掌握的信息较多,所以客人抵店前的准备工作可做得更充分、更仔细。接待员可根据客人的订房单和客史档案卡的内容,提前填写好登记表、房卡等。常客抵店时,在总台核对证件、签名后,即可进入客房;贵宾则可享受在房内签字登记的特权。

(3)对于团队、会议客人,可依据其具体接待要求,提前将登记表交给陪同或会务组的人员,以便团队、会议客人在抵店途中或抵达饭店后,在大厅指定区域或客房内填写,以形成入住登记记录。

(4)对于未经预订而直接抵店的客人,只能请其填写空白登记表。此时,接待员应尽量帮助客人,尽可能缩短形成入住登记记录的时间。

客人填完入住登记表,接待员应表示感谢。并请其出示有效证件(护照、身份证、居住证等),查验、核对客人姓名、年龄、护照证件号码、护照种类及签证类型、有效期限等内容,以确保信用和安全。

3. 排房、定价

客人越来越细的需求,使饭店使用了越来越多的客房名称,如相邻房、相连房、外景房、角房等。同一种类客房又因所处位置、景观、内部主色调、装潢的不同而存在着差异。接待员在排房时应根据客人的订房及入住登记资料,予以考虑和选择。客房确定后,接待员就可在价格可调范围内依据饭店的信用政策条文给予客人定价。在用房紧张时期,饭店为实现最大客房经济效益及相应控制,实行旺季价;而营业淡季时,则实行淡季价,减价销售。但不管怎样,对于确认书中已确认的房价,则不得随意更改。而在贵宾、团队、会议客人抵店前,所排房间均应实行双重检查,以确保接待高标准、高规格。

4. 确定付款方式

确定付款方式的目的,是为了决定客人住店期间的信用限额,及加快退房结账时的速度。通常,不同的付款方式所给予的信用限额是不同的。客人常采用的付款方式有信用卡、现金及转账等。

(1)对于采用信用卡结账的客人,接待员应首先辨明客人所持的信用卡,是否属中国银行规定的可在我国使用的信用卡,检查信用卡的完好程度有无破损及其有效期(亦可查阅注销名单),然后,使用信用卡压印机,将客人的信用卡影印成签购单,并将其信用限额告诉客人;最后将信用卡签购单和账单,一起交前台收款处签收。同时,也应注意信用卡公司对持卡人在饭店使用信用卡底额限制(Floor limit)的规定。

(2)对于使用现金结账的客人,接待员应根据饭店的订金政策,判断客人是否需要预先付款;然后,根据客人交付的预付款数额,来决定所给予的信用限额。

(3)对于以转账方式结账的客人,一般都是在订房时就向饭店提出这一要求,并已获批准。此时,接待员应向客人清楚地说明属于转账款项的具体范围,如房租、三餐费用等。如果客人在办理入住登记手续(Check - in)时,才提出以转账方式结账,饭店通常不予受理。

5. 完成入住登记手续

排房、定价、确定付款方式后,接待员应请客人在准备好的房卡上签名(房卡是接待员在客人填写登记表的同时,反向倒看填写制作的),将客用钥匙交给客人,并将饭店为客人保存的邮件、留言单等转交客人。有些饭店还向客人提供用餐券、免费饮料券、宣传品等。接着,接待员应安排行李员运送客人行李,并将客房所在楼层及电梯位置告诉客人,祝客人住店期间愉快。有些饭店在客人进房 7 ~ 10 分钟时,便打电话对其光临再次表示感谢,并询问对客房是否满意等。至此,大部分登记手续已经完成。接下去是根据排房情况,及时制作客房状况卡条,改变显示架中的客房状况,及时将可售房状况转变为住客房状况,并制作五联卡条,将入住信息通告相关部门,同时建立该客人的有关资料,作为今后对客服务的依据。

6. 建立相关的表格资料

入住登记程序最后阶段的工作,是建立相关的表格资料。其做法是:

(1)使用打时机(时间戳),在住宿登记表的一端打上入住的日期与时间。

(2)填写相关资料并尽快送往相关部门。

(3)标注次日抵店客人名单或预期到店表,该表主要提供的信息有:客人姓名、房号、人数、用房数、抵离日期,及预订代理人的姓名和单位名称等。

(4)填写团队、会议接待单;复印机组人员名单。

(5)制作客房状况卡条,并插入显示架内。

(6)制作客人账单。对此须注意以下几点:

①将与结账有关的事项(如:客人所享受的折扣率、信用卡号码、享受免费日期、付款方式等)详细记录在账单备注栏内。

②使用转账方式结账和持有订房凭证的客人,须制作两份账单:A 单是向签约单位收款的凭证,在该账单备注栏内,须注明转账款项及付款单位名称等;B 单是记录客人自理款项的账单。

③对于团队客人,同样须制作两份账单:A 单称为团队主账单,用于记录与全团有关的费用,所列款项由组团单位支付,备注栏内应写明单价、人数、用房数、居住天数及转账单位的名称;B 单称为团队分账单,应根据需要进行制作。

7. 表格资料的分析和利用

虽然大多数饭店都掌握着丰富的表格资料和信息,但往往未对它们进行分析和利用。其实,这种分析可以检查出饭店对客服务中存在的问题,有助于饭店管理人员更清楚地了解经营情况。具体表现为:

(1)通过价格分析,可衡量前台人员销售高档客房的效率。

(2)通过所销售的客房数量,来评估销售工作状况。

(3)通过分析付款方式,可预报现金周转情况。

(4)入住登记时掌握的客人资料,是建立客史档案的基础。

由此可见,分析入住登记表格资料,有助于了解饭店的营业状况,以及销售客房的能力和效率。

8. 影响入住登记程序效率的因素

(1)因未能正确掌握饭店可售房情况而导致排房差错,发生排重房、排错房等。

(2)因未能掌握完整的客人资料而满足不了客人的住宿要求。

(3)因未能与客房部保持畅通的信息沟通而无法掌握最新的客房实际使用状况。

(4)因未能及时提供问讯、客房状况及客人账户所需的资料而影响入住登记效率。

(5)未能正确使用最新房价等。

试对手工操作饭店的入住登记程序(见图 3-3)和全电脑化饭店的入住登记程序(见图 3-4)进行比较分析。

### 三、团队入住登记程序

1. 团队抵店前的程序

(1)根据团队接待通知单(见表 3-3)的用房要求,查看电脑房态或客房状况显示架,进行排房,填写团队用房分配表(见表 3-4),检查核对,确保其正确性。

(2)根据团队的用房情况,制作团队信封(封内放有客房钥匙、房卡、餐券及饭店促销宣传品等)并将信封按团队抵店入住的时间顺序排列存放。

(3)制作团队客房状况卡条,插入显示架,预留控制客房。

(4)将团队用房分配表及团队客人登记表提前呈交接待单位的陪同。

(5)团队抵达时,由饭店驻机场代表在机场(车站)迎接客人,并与陪同领队联系,了解行李、人数、用房等有无变化,然后送客人上车前往饭店。陪同可将登记表及用房分配情况告诉客人,分发登记表并说明收回的时间。

(6)驻机场代表尽快将该团名称、编号、车号、离开机场(车站)的时间、行李件数、变更内容、其他特殊情况等信息,电话通知饭店前台。

(7)大堂经理、团队联络员(大型饭店内专门负责接待团队客人的员工,隶属前厅部或营销部。)在大厅等候并通知客房中心,以做好接待准备。

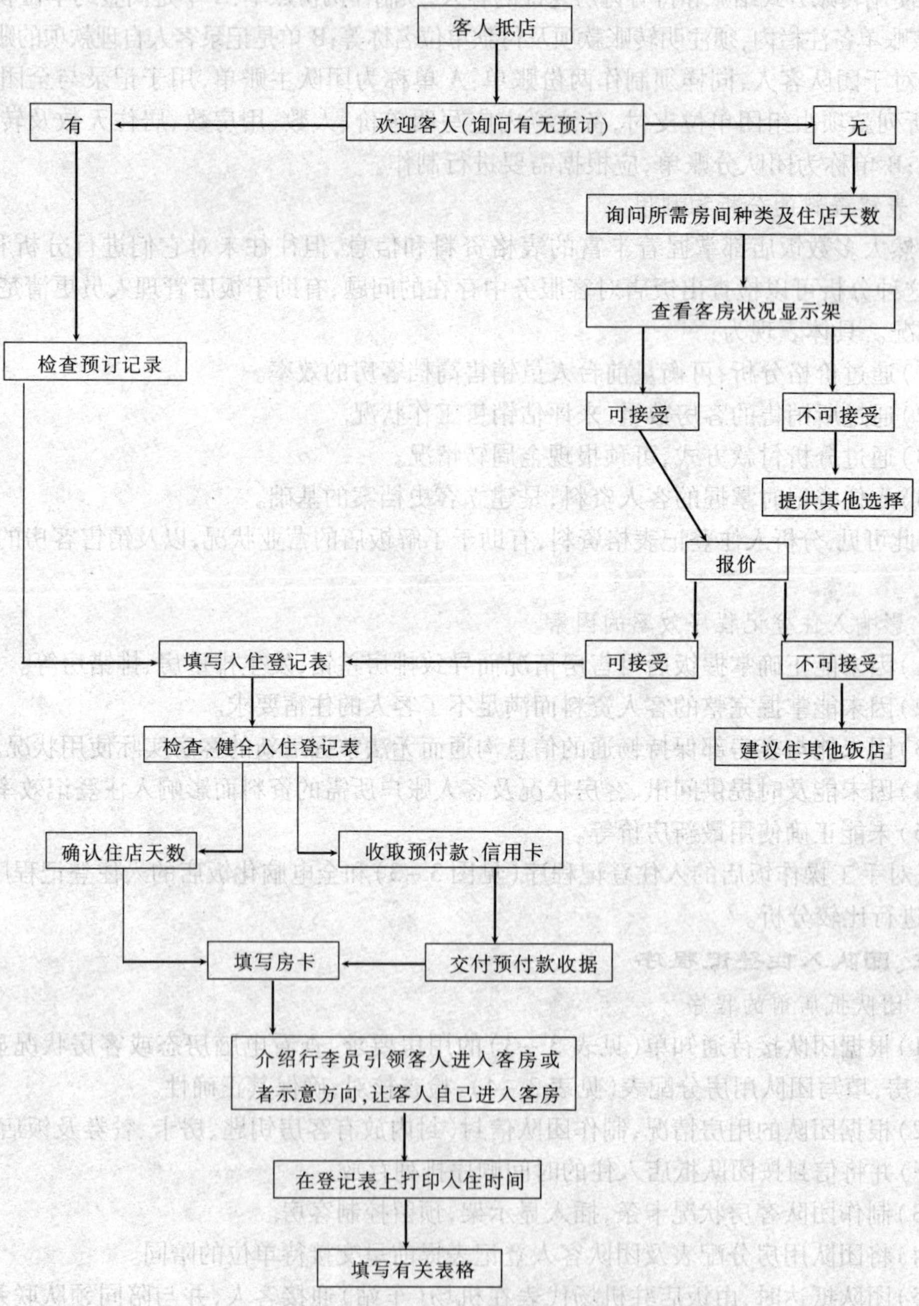


**图3-3 手工操作入住登记程序示意图**

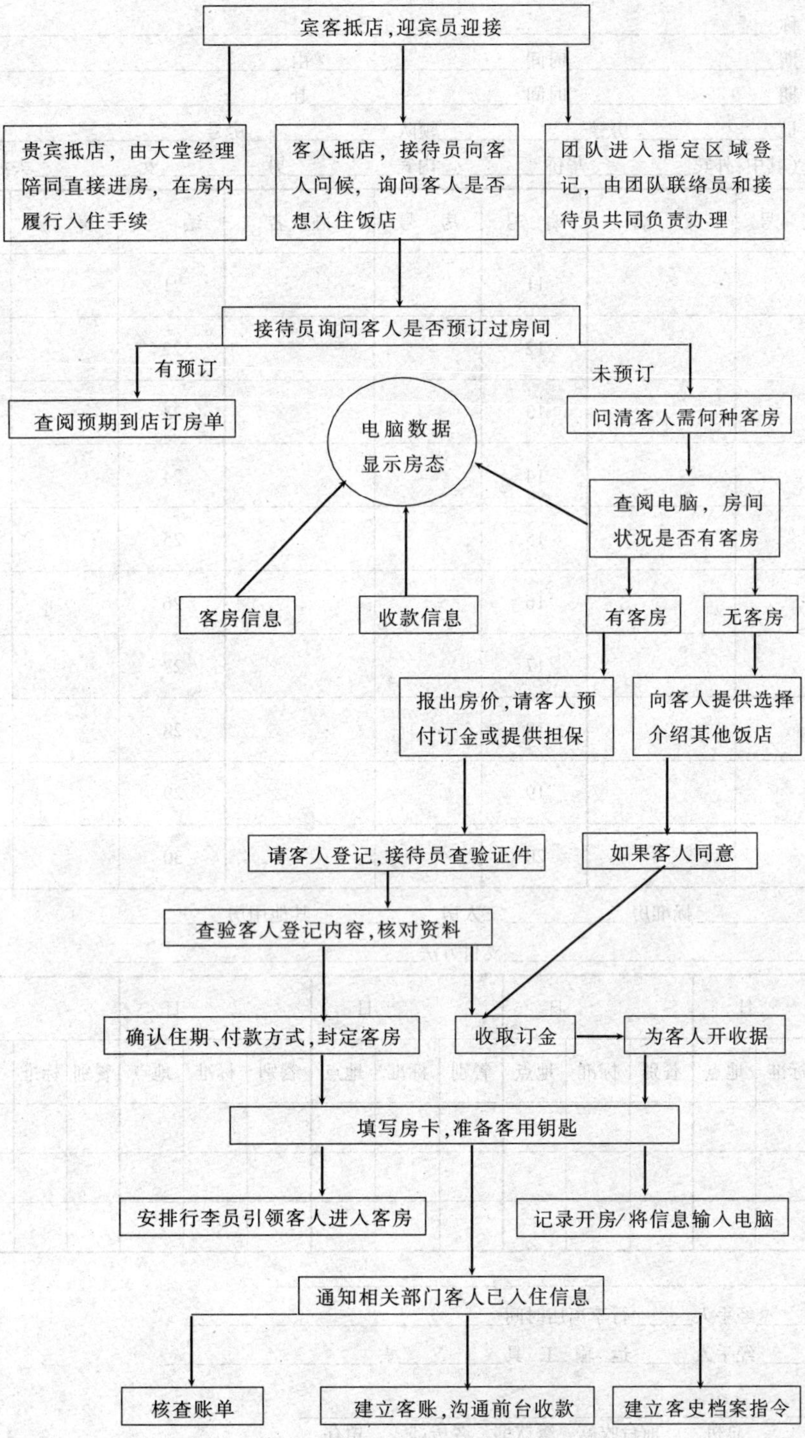


**图 3-4　全电脑化入住登记程序示意图**

表3-3　　团队会议接待单

团队会议名称＿＿＿＿编号＿＿＿＿
抵店日期＿＿＿＿时间＿＿＿＿由＿＿＿＿
离店日期＿＿＿＿时间＿＿＿＿赴＿＿＿＿
陪同/会务组人员＿＿＿＿房号＿＿＿＿领队＿＿＿＿房号＿＿＿＿
人数＿＿＿＿（其中:外宾＿＿＿＿华侨＿＿＿＿内宾＿＿＿＿男＿＿＿＿女＿＿＿＿夫妇）

| 编号 | 房号 | 姓名 | 编号 | 房号 | 姓名 | 编号 | 房号 | 姓名 |
| --- | --- | --- | --- | --- | --- | --- | --- | --- |
| 1 | | | 11 | | | 21 | | |
| 2 | | | 12 | | | 22 | | |
| 3 | | | 13 | | | 23 | | |
| 4 | | | 14 | | | 24 | | |
| 5 | | | 15 | | | 25 | | |
| 6 | | | 16 | | | 26 | | |
| 7 | | | 17 | | | 27 | | |
| 8 | | | 18 | | | 28 | | |
| 9 | | | 19 | | | 29 | | |
| 10 | | | 20 | | | 30 | | |

用房总数＿＿＿＿标准房＿＿＿＿三人房＿＿＿＿其他用房＿＿＿＿
接待单位＿＿＿＿支付方法＿＿＿＿

| 名称 | 日 | | | 日 | | | 日 | | | 日 | | | 日 | | |
| --- | --- | --- | --- | --- | --- | --- | --- | --- | --- | --- | --- | --- | --- | --- | --- |
| | 餐别 | 标准 | 地点 | 餐别 | 标准 | 地点 | 餐别 | 标准 | 地点 | 餐别 | 标准 | 地点 | 餐别 | 标准 | 地点 |
| 早餐 | | | | | | | | | | | | | | | |
| 午餐 | | | | | | | | | | | | | | | |
| 晚餐 | | | | | | | | | | | | | | | |

备注＿＿＿＿
行李进店总数＿＿＿经手人＿＿＿行李离店时间＿＿＿＿
行李出店总数＿＿＿经手人＿＿＿运输工具＿＿＿＿去＿＿＿＿

送：　＿＿接待　＿＿总机　＿＿前台收款　＿＿餐饮部　＿＿客房部　＿＿留存

制表人＿＿＿＿
日　期＿＿＿＿

**表3－4** 团队会议用房分配表 ______月______日

| | | | | |
|---|---|---|---|---|
| 团队会议名称 | | | | 编　号 |
| 用房数量 | | 人　数 | | 其中:外宾　　内宾 |
| 抵店日期 | | 车次/班次 | | 时间 |
| 离店日期 | | 车次/班次 | | 时间 |
| 标　准　间 | | | 三　人　间 | |
| | | | | |
| | | | | |
| | | | | |
| | | | | |

注:此表分别送交公关营销部、客房中心、大厅服务处、总机、保安部留存。

制表人__________

2. 团队抵店后的接待程序

(1)团队抵店时,由大堂经理、团队联络员迎接,致简单的欢迎词。

(2)团队联络员将钥匙信封分发给客人(或提前由陪同分发)。

(3)大堂经理、团队联络员将客人送至电梯厅。客房部主管及楼层服务员在楼层电梯厅等候客人,并引导客人进入房间。

(4)团队联络员与陪同确认用房、用餐、叫醒服务、存取行李、离店及其他特殊安排等事项。

(5)团队行李车抵达后,大厅服务处应尽快组织人员,将行李送往相应的客房。

(6)接待员制作相应表格资料,送往有关部门。

(7)接待员制作团队主账单,交前台收款处,改变客房状况,并填写在店团队统计表,其项目包括团队编号、名称、抵离店日期、总用房数、总人数及转账数额等。

总之,接待团队、会议客人,既要保持与接待散客一样水准的服务,又应考虑不影响大厅气氛及其他住客的正常服务需要。

## 第二节　客房状况控制

前厅接待在很大程度上依赖于有效的客房状况控制。正确控制客房状况,有助于饭店取得最佳住房率,提高客房收入。

### 一、客房状况控制的目的

客房状况控制可分为两类:一类为短期客房状况控制,是对饭店短时期甚至是瞬间客房状况的控制;另一类为长期客房状况控制,是对饭店未来一段时间内客房状况的控制。

正确控制客房状况的目的是:

(1)提供准确的客房状况资料;

(2)提高排房效率及预订决策力;

(3)正确反映出未出租客房的损失;

(4)提供查找和更正客房状况差错的方法。

客房状况控制是饭店沟通的重要一环,涉及宾客循环的几个阶段,亦是饭店各部门信息的主要来源。

预订和入住登记时产生的最新客房状况资料,对于接受预订、排房、定价来说,是必不可少的。图 3－5、3－6 分别显示了客房状况控制对入住登记和预订的作用。其中,图 3－5 展现了客房状况控制,在入住登记所需的信息沟通中所起的作用;图 3－7 中总台排房、定价让客人入住后,须立即建立账单并送交前台结账处,以便开立账户;客人退房结账时,前台结账处应立即通知总台改变客房状况;同时总台应即刻通知客房部查房并进行清扫、整理;打扫完毕后,客房部应进行检查,将合格的可售房通报总台以供再次出售。

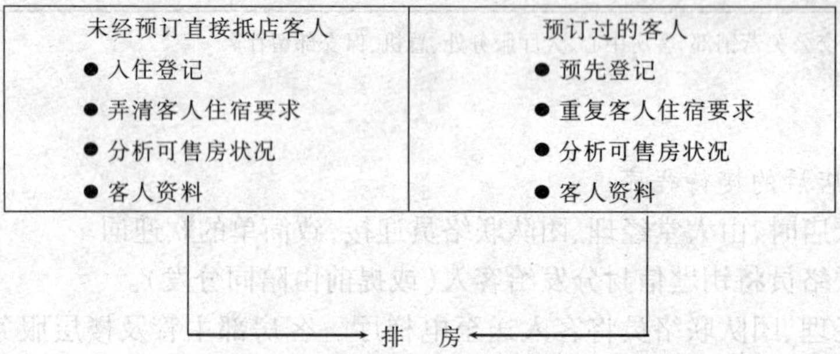


图 3-5 入住登记客房状况控制图

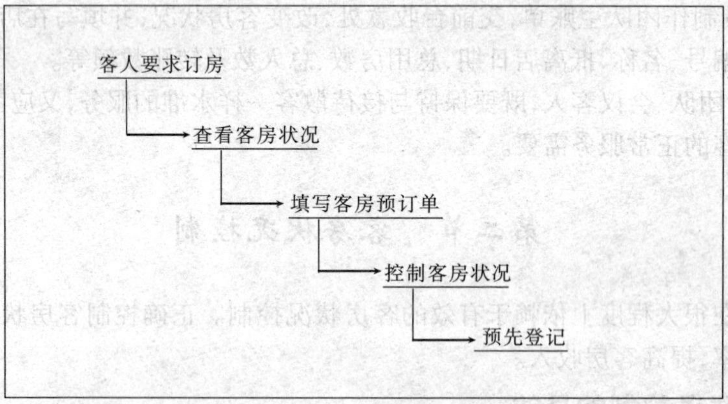


图 3-6 预订客房状况控制图

明确饭店未售出客房所造成的损失,可以向饭店管理人员提供营业潜力方面的反馈信息。饭店客房具有不可贮存的特点,若不及时出租,其损失无法追回。所以,准确的客房状况控制,对管理者来说非常重要。可售房可能会因为客源不足而未能售出,但饭店可通过加

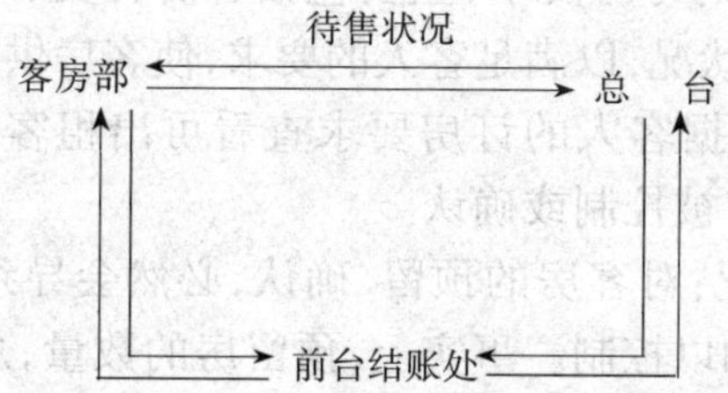


**图 3-7　入住登记控制信息沟通图**

强广告宣传积极促销；如果由于客房状况控制出现了差错，空房被误认为住客房或待修房等，而未能出租，这种错误给饭店造成的损失直到被发现才能终止。因此，前厅部与客房部必须加强日常核对，双方就存在的差异沟通协调、积极解决。饭店客房收入的另一损失是客人逃账，对于逃账者，饭店除非已将其信用卡签购单压下，或已核实了客人的地址、姓名等，否则将无法追回账款。

总之，正确控制客房状况，为饭店管理者提供了分析失误的依据，从而尽早采取措施，减少损失，确保饭店应有的经济收入。

## 二、客房状况的种类与控制流程

### 1. 客房状况的种类

(1)住客房(Occupied room)：住客正在租用着的客房。

(2)空房(Vacant and available for sale)：已清扫、整理完毕，经检查可供出租的客房，而非空荡之意。

(3)走客房(Check-out room，On-change room)：客人已退房离店，客房正处于清扫、整理阶段。

(4)待修房(Out-of-order)：正在进行改造、维修而暂停出租的客房。

(5)保留房(Blocked room)：预留给将入住的团队或散客的一种内部掌握的客房，防止将其出租给其他客人而造成麻烦。

另外，下列几种客房状况，须由客房部人员在进行客房状况检查时，发现并通知总台。

(6)在外过夜房(Sleep-out room)：住客在外过夜，暂未使用的房间。

(7)携带少量行李的住客房(Occupied with light luggage)：客房部应立即通报总台，以防意外(逃账等)。

(8)请勿打扰房(DND)：住客在房门把上拴"DND"标牌以不受干扰。这是一种临时状况，意味着饭店服务人员暂不能进入客房提供服务。对此，应加以特别关注，因其状况可能是住客房、走客房，亦可能已是空房等。

(9)双锁房(Double locked room)：住客在房内双锁客房，员工用普通钥匙无法开启，对此应加以观察并定期检查。

### 2. 客房状况控制流程

客房状况控制流程可划分为七个阶段：记录订房要求→明确可出租客房→控制、调整可出租房状况→预先登记或入住登记→复述住宿要求→分析→排房、定价。

下面我们对控制流程的七个阶段分别加以介绍。

(1)记录订房要求:客人的订房要求,主要包括客房种类、用房数量、抵离日期、住店夜次等。通过记录查看可售房状况,以满足客人的要求,使客房供需达到平衡。

(2)明确可出租客房:根据客人的订房要求查看可出租客房状况,从而决定受理或婉拒。一旦被受理,有关客房将被控制或确认。

(3)控制调整可售房状况:对客房的预留、确认,必然会导致未来一段时间可售房状况的变化,因此应及时调整并加以控制。事实上,预留房的数量,总是大于最终的实际用房数量,如果饭店认为预留房肯定能够售出而不再接受订房,就难免不受损失。因此,应该正确统计出预订但未抵店(No－show)用房的百分比,并以此为依据受理部分超额订房。但在超豪华饭店内,通常不予考虑接受超额订房。

(4)预先登记或入住登记:预先登记或入住登记,是为了提供最新而准确的客房使用状况。入住登记分房时,接待员须依赖客房状况显示报告作出决定,且应尽量缩短入住登记时间,尤其对于团队、会议客人。

(5)复述住宿要求:排房前,接待员应重复客人的住宿要求,避免因分房不当而引起客人退房所带来的麻烦。

(6)分析:瞬间的或短期的客房状况,是通过分析客房状况显示架和客房部的客房状况报表反映出来的。接待员应首先查找到客人所需的房间种类,然后再满足客人的一些特殊要求(如床具、特殊家具等)。

(7)排房、定价:将可售房分配给客人,并确定一个双方认可的房价,以建立客人的账户。具体排房时,客人的要求与接待员的决定往往有所不同,这是因为,饭店在排房时,通常希望平均使用客房,以使房间新旧程度保持均匀,不至于造成一部分客房很快损坏。

## 三、影响客房状况的因素

影响客房状况的因素,除因部际沟通协调不畅外,还包括下列几种直接因素:分房、入住、换房、退房及关闭楼层。对此,接待员应搞好这方面的服务。

### 1. 分房

分房合理与否,关键在于真正了解客人的住宿要求。

通常,分房的服务程序如下:

(1)贵宾;

(2)有特殊要求的客人;

(3)团队客人:

①政府邀请的团队客人;

②豪华级团队客人;

③一般型团队客人。

(4)订房客人:

①常客;

②逗留期较长的客人;

③其他客人。

(5)未经预订而直接抵店的客人。

### 2. 入住

客人经办理入住登记手续进入客房后,接待员应首先制作客房状况卡条,以改变客房状况(由可售房改为住客房),或将入住指令输入电脑,自动封定相应客房。任何粗心大意都会影响客房的正常状况。

3. 换房

提供换房服务是前厅接待的重要一环。换房有两种可能:一种是住客主动提出;另一种是饭店本身的要求。住客可能因客房所处位置、价格、人数变化等原因要求换房;饭店也有可能因为客房的维修保养、住客延期离店,及为团队、会议客人集中排房等需要而向客人提出换房要求。不管怎样,换房会给客人或饭店带来麻烦,因此,在处理换房时必须慎重,尤其须注意的是,在搬运客人私人物品时,应坚持二至三人在场(安全部人员、大堂经理等),除非经客人授权。

换房的服务程序如下:

(1)弄清(解释)换房的原因;

(2)介绍准备调换的客房情况及确定换房的具体时间;

(3)填写客房、房租变更通知单(见表3-5),送往相关部门并经签字,以确认换房信息已经收到;

(4)更改住客房卡及客房状况卡条中的有关项目;

(5)填写客房状况调整表,内容包括房号、种类、姓名和调整的日期等;

(6)将换房信息记录在客史档案卡上。

4. 退房

接待员一旦接收到由前台结账处发来的客人退房信息,应立即将此信息通知客房中心,同时改变客房状况,并通知其他相关部门。

**表3-5　客房、房租变更通知单**

ROOM RATE CHANGE

<table>
<tr><td>姓 Last name　名 First name<br>Mr<br>Mrs<br>Miss</td><td>日期 Date</td><td>时间 Time</td></tr>
<tr><td colspan="3">客 房 由　换至<br>CHANGE ROOM FROM ______ TO ROOM ______<br>房租由　改为　人 数　改为<br>RATE ______ TO ______ No. OF PAX ______<br>TO ______<br>立 即 换 在<br>MOVE IMMEDIATELY/AT ______<br>其 他 说 明<br>OTHER INSTRUCTIONS ______<br>______<br>______<br>送: 客 房　总 机　结 账　问 讯<br>TO: Housekeeping Operator Cashier Information　制表人______</td></tr>
</table>

二联 客房

5. 关闭楼层

饭店经营淡季时，为节省能源、减少成本，在满足客人需求的前提下，常采取相对集中排房，关闭几个楼层的措施。此时，接待员应在电脑中或客房显示架中进行相应调整。

总之，正确控制客房状况，主要是为了有效地进行客房销售，为客人提供优质服务。而电脑化的客房状况控制系统，能将总台、客房部、预订处等环节紧密地联系起来，根据电脑贮存的数据，可以迅速作出预订决策和分房入住决策。随着电子计算机的开发及饭店业的发展，越来越多的饭店进入了电脑化的行列，使得前厅接受预订、排房、定价、入住登记等工作，操作越来越简化，大大提高了前厅部对客服务的效率。

## 第三节　离店服务

### 一、离店服务的目的

1. 结清客人的账目

为达到结清客人账目之目的，总台员工应根据客人与饭店事先约定的付款方式来处理。客人的住店过程，实际上是客人的消费过程，从客人抵店入住直至离店结账，总台员工应不断地累计客人的挂账数额，并监督其信用限额，为结清客人的账目做好一切准备工作。

2. 正确维持客房状况

客人离店势必会改变其客房状况，为了能正确显示瞬间所发生的客房变化状况以利销售，前台应及时与有关部门进行离店时的信息沟通，以确保客房状况准确无误。

3. 设法让客人再度返回

办理客人离店结账手续时，前台人员应真心诚意地询问客人住店期间是否愉快，以让客人获得表达对饭店看法的机会。这种关心、鼓励，易使客人再度返回。

4. 建立客史档案

客人离店后，前台人员应将住客的有关情况记入客史档案卡并加以保存。客史档案对饭店来说是极有价值的资料，尤其是有利于提供针对性、个性化服务，以及开展市场调研，使饭店在行业竞争中永远立于不败之地。

### 二、离店服务的程序

(1)根据接待员制作的预计离店客人一览表，结账员从账单存放架中抽出当日预期离店客人的账单夹进行审核、检查，确保账目准确无误。

(2)客人前来办理离店手续时，结账员应礼貌地问清房号，出示其账单，并询问是否有刚发生的费用(如打长途电话、饮用房内小酒吧的饮料等)，同时检查这些赊欠款项是否已入账。

(3)向客人报出其消费总额，若客人认可，便开出总账单按已约定的付款方式向客人收取现金，或转入应收账款，并开出离店单(见图3-8)，呈交给客人。

(4)对客人结账表示谢意，并征求客人对饭店服务的意见，询问其是否还有需要帮助进行“返回预订”的要求。客人离开时，祝愿其旅途愉快。

(5)前台结账员将客人的登记单、结账单等各种凭据汇总归类，供夜间稽核员审核后归入客史档案；同时，通知接待处更改客房状况。

### 三、离店服务信息沟通

客人结账离店后，前台结账员应尽快将此信息通知接待员；接待员应立即改变相应的客房状况，同时再将此信息通知客房部（客房中心）；客房部接到通知后，应尽快组织力量清理客房，以供再售；客房整理完毕后，客房中心即通知前台，改变该客房状况。至此，客人离店服务所涉及的饭店前台三大环节（即前台结账、接待及客房部）的信息沟通，即完成了一个周期。在这个周期中，前台员工应加强责任感，以确保其畅通。

**离 店 单**

**CHECK—OUT CARD**

姓名 (NAME):

房号 (RMNO.):

日期 (DATE): 时间 (TIME):

CASHIER:

钥匙归还了
是□ 否□

ROOM KEY
RETURNED
YES□ NO□

到大厅服务处取行李时，请出示此卡

Please hand this card to CONCIERGE
to collect your BAGG.

感谢您的光临，希望再有机会为您服务

We Look forward to your next stay with us.

THANK YOU

YANGTZE HOTEL

CHINA

图 3–8 离 店 单

## 本章小结

饭店是为客人提供食、宿等综合服务的场所。因此，饭店应尽量满足客人的住宿要求，推销饭店的设施与服务。前厅接待处的服务范围主要有接待散客和团体客人入住、为客人排房、换房、退房及提供其他各项服务。客房分配应根据饭店客房的类型、数量及客人的预订要求和客人的具体情况进行。客人在住宿过程中可能因各种原因要求换房，虽然在一定程度上给饭店的服务、接待和管理工作带来不便，接待处也应尽量满足客人的要求，为其换房，使其满意。同时，接待处还负责向各有关部门提供各项接待信息或下达各项接待指令，承办客人要求的各项委托代办事项或交给其他相关部门执行。

## 思考与练习

1. 怎样确保客房状况显示系统的准确性？试举例说明。

2. 实地参观某家星级饭店前厅部接待处，观看其员工为客人办理入住登记的全过程，与本教材中的程序进行比较有何不同之处，并叙述出接待员在程序每一阶段中所起的作用。

3. 联系实际，多参观几家高星级饭店的行政楼层，阐述其入住登记接待服务程序。

4. 叙述前厅部接待处与前厅部其他各环节的信息沟通内容和方法。

# 第4章 问讯服务与钥匙控制

**学习重点**

- 问讯服务概述及问讯岗位职责
- 住店客人查询及保密处理程序
- 访客留言和住客留言
- 邮件外寄服务及收、发程序
- 普通和新型客房锁匙系统简介

## 第一节 问讯服务概述

### 一、问讯处的服务范围及工作时间

问讯员应该在掌握大量信息资料的基础上,尽可能解答客人提出的问题,尽量满足客人的要求,尽力帮助客人,以达到完美服务的境界,给客人以宾至如归的感觉。

问讯处的服务范围包括:留言服务、查询服务、提供旅游和交通信息、收发代寄邮件、客房钥匙的分发与控制、客人物品的转交服务及其他各项委托代办服务。

小型饭店一般不设专职问讯员,其工作职责由总台服务员兼任。中型、大型饭店的问讯员,一般是两班制,从早7:00~晚11:00,分两个班次为客人服务,有些中型饭店也不设专职问讯员,其职责由前厅部接待员来完成;个别大型饭店问讯处,实行三班制,24小时都有问讯员为客人提供服务。

### 二、问讯员的职责

问讯员对每位客人都必须彬彬有礼、一视同仁,在回答客人提问时应避免讲“不”、“不知道”等词,也不能采用模棱两可的话,如“大约是”、“我想是”、“可能是”、“大概”、“差不多是”等。如果碰到自己不知道的问题,应向客人表示歉意并请客人稍候,然后查阅有关资料或向有关单位、部门、个人请教。问讯员的岗位职责如下:

(1)与上一班次问讯员当面交接班,同时阅读工作日志,有疑问当面问清。

(2)了解当天的房间状态、安排在饭店的主要活动(如大型会议、时装表演的时间和地点等)。

(3)掌握当天在店、抵店、离店的VIP情况。

(4)了解当天各种主要宴会(如婚宴、冷餐会的时间和地点),便于引导客人前去参加。

(5)接收邮件,并分类转给客人及饭店各部门;为客人代寄邮件。

(6)为客人提供留言服务。

(7)分发和管理客房钥匙。

(8)完成转交物品等客人委托的事项。

(9)认真聆听客人的所有问题,予以妥善答复。

(10)准备一份当日住店客人总名单,以备查询。

(11)保持工作区域(如柜台)的整洁有序。

(12)填写工作日志(Log book),与下一班次问讯员当面交接班。

## 三、问讯处的信息资料储备

问讯员除回答客人有关饭店内部信息的问讯外,还会遇到饭店外部信息的问讯,例如市内游览方面的问讯等。由于客人的问题涉及面广,即使是最优秀的问讯员,也不可能完全答出客人的问题,更不可能把客人所需的资料全都记忆在脑子里。因此,问讯员除必须有较广的知识面,掌握大量的信息外,还必须准备大量的书面资料,以使客人得到满意的答复。这些书面问讯资料必须是最新的,必须根据客人的需求及具体情况的变化,随时剔除很少使用的资料,补充新的资料。问讯处应准备的书面问讯资料如下:

(1)国内、国际民航的最新时刻表和票价表。

(2)最新铁路时刻表、里程表和票价。

(3)最新长途汽车时刻表、里程表及票价。

(4)出租汽车至市内主要风景点、机场、车站和附近城市的里程,以及各种车型规定的每公里收费标准。

(5)轮船时刻表、里程表及各级舱位的票价。

(6)交通部门关于购票、退票,行李大小、重量的详细规定。

(7)饭店所在城市至本国各大城市的距离。

(8)饭店所在地著名的电影院、剧院地址和即日上演的节目及时间。

(9)饭店所在地的银行,特别是可兑换外币的银行地址及营业时间。

(10)饭店所在地大医院的地址及电话号码,特别是急诊室的电话号码。

(11)饭店所在地市区的详细地图。

(12)饭店所在地的著名工商业机构名称、地址及营业时间。

(13)饭店所在地与市郊著名名胜地的距离,以及名胜地的特点及开放时间。

(14)饭店所在地主要公园、主题公园、动物园、游乐场、风景点的地址、开放时间及订票价格。

(15)饭店所在地体育场馆的地址、开放时间、比赛项目及场次安排。

(16)饭店所在地及附近海滨浴场、游泳池的地址及开放时间。

(17)饭店所在地著名歌舞厅、卡拉 OK 厅、娱乐城的地址及开放时间。

(18)饭店所在地附近教堂、庙宇的地址、开放时间,及一年内重要宗教庆典和节日的内容、日期。

(19)饭店所在地附近友谊商场、免税商店、大百货商店的地址及营业时间。

(20)饭店所在地著名花卉的开花盛期和传统花展日期。

(21)饭店所在地著名展览馆、博物馆的地址、开放时间及上展项目。

(22)饭店所在地著名土特产商品及风味餐馆的地址、电话号码及营业时间。

(23)饭店所在地主要风土人情及习俗的资料。

(24)饭店所在地可供外宾参观的工厂、学校、幼儿园、村庄的地址及电话号码。

(25)饭店所在地政府各部门及各旅游机构的地址及电话号码。

(26)饭店所在地著名大专院校及学术研究机构的名称、地址及电话号码。

(27)饭店所在地其他主要饭店的电话号码。

(28)全国、本省、本市的电话号码簿及邮政编码簿。

(29)中国工商企、事业名录。

(30)本市及全国各主要旅游城市以往的气象资料,特别是与旅游有关的气象资料。

(31)本市当天的气象预报。

(32)有关时差计算方法的资料。

(33)各种比较全面的汉英、英汉、汉日、日汉等词典。

(34)人名、地名中英文对照词典。

(35)饭店所在地的旅游宣传品,如旅游小册子、风景明信片等,这些资料可以由有关部门免费提供或由饭店代售,还应准备饭店简介供客人传看。

(36)饭店各类客房不同季节的房价表。

(37)饭店疏散通道平面图及消防设施配置图。

(38)饭店的各项规定、制度等。

(39)饭店主要负责人及有关人员的地址、电话号码。如果饭店在大厅内设置供客人使用的问讯电脑,就会大大减轻问讯员的工作量;同时电脑管理不但可以储存上述资料,而且还可扩大信息量,以提高问讯工作效率,减少文字资料所占用的存档空间。

## 第二节　查询服务

### 一、访客查询住客情况的处理

饭店经常遇到访客打听住客情况的问讯,问讯员应在不涉及客人隐私的范围内予以回答。有关住客的问讯主要有:住客的房号,住客是否在饭店,有无他人来访问住客,住客在外出前是否给来访者留言等。

为了避免因出错而产生纠纷,如果有人访问住店客人,问讯员应先问清来访者的姓名,然后打电话到被访住客的房间,经过该住客允许,可以让访客去找住店客人;如果客人不在房间,而在店外或在店内某处,这时切不可让访客去找住店客人,也不能告诉访客要找的住客房号及电话号码,以保证客人的隐私权。如果确认住客在店内,问讯员可以通过电话或广播寻找,并请访客在大厅内等候。也可以由行李员在大厅内举牌敲铃寻找住客。

因为可能有同名同姓的住客,所以接受问讯时要问清被访人的个性特征,以尽力帮忙查找。

### 二、电话查询住客情况的处理

问讯员接到问讯住店客人情况的电话时,应注意:

(1)由于电话是间接沟通,容易出现传递错误,如果是中文姓名的查询,问讯员必须问清住客姓名的每一个字,因为中文同音字、易混字甚多,有的访客发音不准,容易产生错误。

(2)如果是英文姓名的查询,就应该更加仔细,并认真区别易读错的字母。可以使用一些简单的单词拼读一些字母,使客人明白,例如“A—as in apple,B—as in boy”等。

(3)要特别注意普通话拼音与广东话拼音的区别,以及华侨、外籍华人使用英文名汉语拼音姓氏的情况。

(4)如果查到了住客的房号,应征求住客意见,看其是否愿意听电话,住客同意,才可让总机把电话接到房间。

(5)电话问讯时,如果住客的房中无人听电话,可建议访客留言或稍候再打电话来,不可将房号告诉客人。

(6)团体客人的问讯电话,要问清住客国籍、旅行团名称、何时到店等,具体查询程序与散客一样。

(7)客人电话问询饭店房价时,问讯员应在电话中做好推销工作,力争客人入住。

**三、询问未抵店或已离店客情的处理**

问讯处接受访客的问询,有时会发生查不到住客姓名的情况。这时问讯员不能草率地回答对方查无此人,而应反问对方该客人是否肯定住在本店,如果肯定,则应该按下列顺序查找:

(1)查当天抵店客人的订房表或当日预计抵店客人的名单。

(2)查当天结账客人的名单。

(3)从饭店保存的客史档案卡中查找,看此客是否曾住本店,但已离店。

(4)从以后的订房表(由订房处保存)中查找,看该客人是否将会入住。

(5)华侨及港澳台地区的客人,如在电脑中查不到中文(英文)姓名可以再查英文(中文)姓名。

如果查明客人尚未到达,可请对方在客人预计到达的日期再来询问;如果查明客人已退房,则向对方说明情况。除已退房客人有委托外,一般不把住店客人离店后的去向和地址告诉来访者。特别是名人的行踪和单身年轻女客人的地址更应保密,以防他们被人跟踪、纠缠。当然,公安机关执行公务的情况例外。

**四、住客要求保密情况的处理**

有时住店客人由于某种原因,会要求饭店对其房号进行保密。这时,问讯员应该按下列程序处理:

(1)问清客人的保密程度。例如,是只接长途电话或只有某位客人可以来访,还是所有来访者一律不见,或一律不接听电话。

(2)在值班日志上作好记录,记下客人姓名、房号及保密程度。

(3)当有人来访问要求保密的住客时,一般以客人没有入住或暂时没有入住为由予以谢绝。

(4)通知电话总机室做好客人的保密工作。例如,对电话查询要求保密的住客者,总机室接线员应告诉对方该客人未入住本店。

(5)当住客要求取消保密或改变保密程度时,应立即通知电话总机室,并在值班日志上做好记录。

## 第三节　留言服务

来找住店客人的访客,如果未遇到住店客人,可以在大厅沙发上坐等,也可以给住客留言。住店客人外出前也可以给将到的访客留言。正确处理好留言,可以帮助客人传递信息,而耽误客人留言则会影响客人的活动安排或生意,所以留言服务是很重要的。通常电话留言由接线员或话务员完成，问讯员或接待员则处理其余的留言。不同种类的留言，其处理程序也稍有区别。

## 一、访客留言服务

当被访问的住店客人不在饭店时，问讯员要征求来访者的意见，问他是否愿意留言，如果愿意，可由来访者口述，由问讯员根据情况记录，并由客人过目签字，或由来访者自己填写，然后由问讯员签字。如果来访者没有留言，问讯员也可以填写留言，通知被访住客，在他外出时有人来访。客人的留言一定要在留言单（见表4－1）上记录下来，以防漏传或误传留言。接受了客人的留言后，必须在留言单上用打时机打上时间。

表4－1 访客留言单

GUEST MESSAGE

致：先生/女士/小姐
To：Mr. Mrs. Miss
房间号
Room No. ______
当您外出时曾有一电话，来自
When you were out you has a telephone call
先生/女士/小姐 时间
Mr. Mrs. Miss ______ Time ______
电话号码
Tel No. ______
□ 令友并无留言 Left no message　□ 将再来电话 Will call you again
□ 请回电话 Please return call　□ 将再次来访 Will come again
留言
Message ______
当值员 日期
Clerk ______ Date ______

访客给住客的留言单应该一式三份，其中第一联放在钥匙架上，客人回店取钥匙时可以交给客人；一份送电话总机室，由接线员打亮客房内电话机上的留言指示灯，客人回房后发现留言指示灯亮着，可以打电话询问留言内容；最后一联由行李员从房门下送入客房或由问讯处留底。三联一起使用可防止差错，但在大部分饭店，访客给住客的留言只有一式两份，甚至一式一份，分别省去了上述的第二联或第二、三联。

## 二、住客留言服务

住店客人暂时离开客房，如想告诉来访者自己在何处，可填写留言单一式一份（见表4－2），存放在问讯处（或接待处）的钥匙架上。

表4-2　　住客留言单

GUEST MESSAGE

致:先生/女士/小姐
To:Mr. Mrs. Miss

我 ________ 房间号
I ________ Room No. ________

从 ________ 上午/下午至 ________ 上午/下午
From ________ a. m. /p. m. To ________ a. m. /p. m.

我将会在
I will be at

□ 大堂吧 Lobby Bar　　□ 宴会厅 Banquet Hall

□ 行政酒廊 Executive Corridor　　□ 咖啡厅 Coffee Shop

□ 其他 Others ________

留言
Message ________

宾客签署
Guest Signature ________

当值员
Clerk ________　　日期 Date ________

## 第四节　邮件服务

邮件服务,有些饭店由传达室承办;也有些饭店则由行李员、问讯员或接待员代办。邮件服务包括为客人代发、代寄邮件;代售邮票、明信片;代办特快专递服务等。不设商务中心的饭店,电传、复印等也由问讯处来完成。

### 一、邮件外寄服务

前厅部的接待处或问讯处柜台,应代售邮票并为客人提供信件和包裹的外寄服务。接待员或问讯员在受理这些服务时,应按规定收费,并仔细检查客人的信封口是否已封好、邮票是否已贴足;对外寄包裹还应扎紧,防止松散。

### 二、特快专递服务

代办特快专递服务(EMS 即 Express mail service)程序如下:

(1)当客人走近柜台约1米处时,问讯员应面带微笑、礼貌地尊称对方并向客人问好,问对方是否需要帮助。

(2)客人提出要求 EMS 服务。

(3)问讯员应主动告诉客人使用专用信封及国内、国际特快邮递邮资标准,如果客人无专用信封应主动提供。

(4)请客人认真清点所寄信件的数量,然后在国内或国际邮寄详情单上写好邮寄物的名称、寄件人与收件人的地址、国名、地区、姓名、电话号码等,以便邮件按时到达及日后检查、查询。

(5)邮寄国际特快邮件的,必须请客人亲笔用中文在信封上注明到达国家的名称,问讯员不得代劳。问讯员给客人递笔时要将笔尖对向自己,把笔放在客人的右手位(除非发现客人是左撇子),在递送详情单和信封过程中,应注意用双手正面递向客人,使客人拿到后不必调整表单位置就可以很方便地填写。

(6)问讯员应用双手接过邮件,用天平称好重量,按邮局邮资标准合理收费,收费时要唱收、唱付,邮件过重无法用天平称时,应及时收取押金并开出收据。

(7)一有特快专递业务,问讯员要立即通知专递公司(打电话号码 185)来人取件,并及时请特快专递公司收件人员在登记签收簿上签名;特快专递公司用传真发来的详情单要妥善保存。

(8)特快专递公司休假时要及时通知行李员发寄。

(9)特快邮件发出后,应及时与客人联系,预收费用应多退少补,以免影响客人的行程。

(10)要详细地对客人说明邮件处理经过,并向客人微笑道别,同时欢迎客人再次光临。

有些饭店的特快专递服务设在商务中心或接待处,其工作程序相同。

**三、邮件收发服务**

1. 邮件的接收

当收到邮局送来的邮件时、问讯员应仔细清点,并在邮件收发控制簿上登记(平信除外),同时在邮递员的登记本上签字,表示已收到邮件,然后用打时机在每件邮件上打上时间,明确邮件的到店时间和件数,万一延误可以追究责任。

2. 邮件的分类

到店邮件可以分为寄给饭店或饭店员工个人的及寄给客人的两大类。寄给饭店或饭店员工个人的邮件,应由行李员送给有关部门或个人,也可以送往其他指定地点;注意不要漏送了寄给饭店临时工和实习生的邮件,这些邮件一般送人事培训部转发。

3. 住店客人邮件的分发

(1)把寄给客人的信件,按收信人姓氏的英语字母顺序排列,在问讯架或电脑中查找住客,邮件较多的饭店,应设有专门的分类台。

(2)找出寄给包房住客的邮件,单独摆放。

(3)通过问讯架或电脑找到收信人的房号,然后在邮件上写上房号,放在待领邮件架上,用留言单通知客人来取。

(4)对挂号信、快信、电传、电报、传真(由商务中心接受并处理)应立即通知客人来取,或立即给客人送去。如果客人门口挂着“请勿打扰(DND)”牌,应先用电话与客人联系,然后根据客人的意见处理。客人接受特种邮件(如挂号信和电传等)时,应请客人在邮件收发簿上签字表示收到,以免发生纠纷时责任不清。对寄给住店客人的平信可按房号用留言单或住客通知单通知客人来取;也可以由行李员认清房号后,从门下递入客房,客人在房间时则应当面交给客人。

(5)对于名单上或电脑上查无此人的邮件,处理可分为如下情况:

①该客人曾经入住,但已离店。对寄给已离店客人的一般邮件,如果客人离店时留下地

址并委托饭店转寄邮件，则饭店一般予以办理，否则应按寄件人的地址退回。客人的电报、加急电报、电传等，通常应按原址退回。

②客人在本饭店订了房间但尚未抵店。这种情况应把邮件放在待领邮件架上，或与该客人的订房表一起存档，待客人入住时转交。

③客人订房后又取消了订房。此类情况除订房客人有委托并留下地址，要求饭店予以转寄外，其余情况一律把邮件退回寄件人，客人的快信、电报等应立即退件。如果客人订房后只是推迟了抵店日期，仍要把给他的邮件放在待领架上，或与订房表一起存档，待客人入住登记时转交给客人。

④收件人姓名不详或查无此人。此种情况急件应立即退回给寄件人，平信可保留一段时间经常查对，确实无人认领后再退回给寄件人。

(6)错投和“死信”的处理。邮局失误错投的信件，如果是平信应贴上退回条，说明退信原因，按原址退回；如果是挂号信、快件等错递，问讯员应尽量在接收时便确认查无此人而拒收。对寄给非本店客人而又无退信地址的死信，也应统一保存退回邮局，不得私拆和丢弃。

## 第五节　客房锁匙系统

为了更好地保证住客的人身和财产安全，并使其进出客房更方便、更迅速，越来越多的饭店采用了代表先进科学技术潮流的各种新型锁匙系统。

### 一、新型客房锁匙系统的种类

#### 1. 磁卡锁和IC卡锁

磁卡锁与IC卡锁是利用磁卡开启的电脑控制门锁，锁内有磁卡阅读器和微电脑，客人入住时，接待员应拿出一张同身份证大小相似的IC卡或磁卡，由总服务台使用计算机和配套的刷卡器，将客人的密码和特征信息记入磁卡的磁条内(磁卡的一面涂有可存储密码信息的磁条)。客人进房时，先将磁卡有磁条的一面，插入磁卡锁读卡器的读卡口内，然后拿出，锁中的磁头便可自动读出磁卡上的密码，并经锁中的计算机芯片运算，判断是否是“合法磁卡”(开门或不可开启的绿、红指示灯也马上会亮)，若是合法磁卡，通过电磁铁带动控制锁的开关，房门即可打开。磁卡和IC卡锁可设置10亿个以上密码不重复，万一钥匙丢失，可重新设置密码，使丢失的钥匙失效，因而保密性很强；有的磁卡和IC卡锁内的微电脑，还能存储最近的200~300条开门记录(次序、时间等)，起到类似飞机上“黑匣子”的作用。

把有关信息和密码输入IC卡或磁卡中，这些卡还能在饭店内电脑联网的营业点充当信用卡直接消费，消费完毕后刷卡记录或从预存押金的卡中扣除消费款项；此外，IC卡和磁卡还能充当客房电器的节能开关卡。

磁卡成本低，可以一次性使用，也可以回收并反复使用。IC卡锁和磁卡锁功能基本相近，只是作为钥匙的“卡”略有不同。IC卡是一种类似游戏卡功能的智能卡，由一个或多个集成电路芯片等元件组成。它可以封装成各种形状、尺寸及厚度，以方便使用和携带。它有思维和运算的智能功能，便于加密，并有防磁、寿命长、功能强等优点，故IC卡的购价要稍贵一些。

#### 2. 电子密码锁

电子密码锁由集成电路和号码键盘等组成，可以很容易地设置或更改密码，因而保密性强，常安装在饭店客房内电子密码保险箱或保险柜门上。

3. 电子光卡锁

这种锁是以带孔塑料卡片为钥匙控制门锁的电磁机具。光卡分为明孔光卡和暗孔光卡两种，其中暗孔虽然在一般情况下人眼看不到，但其光学系统可以通过塑料卡片钥匙识别红外线密码，达到开锁目的。这种锁保密性相对较差，密码破译也较容易，安全性不如磁卡锁和IC卡锁，而外形与其相似，价格比机械锁高，已逐步被淘汰，目前仅用于不重要的场合。

4. 磁片锁

磁片锁也有些人习惯地称之为“磁卡锁”。实际上它是一种机械锁，以一个带有磁性的磁片（金属）替代传统钥匙。磁片中暗装着按一定顺序排列的小磁铁，吸动或排斥锁中的磁性销柱，达到开锁的目的。由于它是一种机械锁，结构简单、直观、安全性不高，因而价格较低。磁片钥匙不能随意更改和重新设置，且可以仿制。一旦钥匙丢失，门锁就必须更换，若丢失的是楼层总钥匙，则要更换全层所有客房的门锁，给饭店造成额外开支。所以实际工作中这种锁匙系统已面临淘汰。这种锁的磁片钥匙，也可以作为客房电器节能开关卡。

5. 感应锁

为了克服磁卡、IC卡易磨损和读卡器插卡口易人为破坏的不足，又出现了一种不须插卡的感应式锁匙，这种锁将无线电技术和计算机技术综合起来，只需将感应卡靠近门锁一定的距离，即可打开门锁，既方便又安全，使技术水平又提高了一步。随着科技的发展，指纹锁、语音锁的应用也为时不远了。

## 二、磁卡锁和IC卡锁匙系统的构成

由于磁卡锁和IC卡锁匙系统应用前景最广，本书有选择地介绍它们的系统构成。

1. 服务台电脑

服务台电脑内设置门锁管理软件系统，是整个锁匙系统的核心控制部分。接待员可以通过管理软件控制发卡操作，并可对整个饭店锁匙系统进行管理。

2. 发卡器

发卡器通过串行通信接口与服务台电脑连接，在服务台电脑的控制下，将卡片刷过发卡器的卡槽，写入或读出卡中信息，即可实现发卡及查询功能。

3. 多功能控制器

该控制器主要功能有两个：其一是与门锁通信，读取开门记录及其他信息，校准门锁内的时钟，作为电子钥匙开门；其二是与服务台电脑通信，将开门记录及其他信息传给数据库。

4. 电子门锁

该锁具有机械门锁的所有功能，能够识别智能卡（磁卡）的合法性。

## 三、电脑磁卡和IC卡的种类

作为钥匙，电脑磁卡和IC卡因其功能不同，可分为以下几种：

1. 设置卡

(1)房号设置卡，用于设置客房门锁的房号。

(2)时间设置卡，用来设置门锁的当前即时时间，包括年、月、日、时、分等。

(3)公共区域设置卡，用于设置公共区域门锁的房号。

(4)会议室设置卡，用来把某客房设置为会议室。该卡开锁后，门锁便不能随意锁上，与会者可随意进出会议室，只有待会议结束，再次使用该卡，门锁才能锁上。

2. 宾客卡

该卡供宾客在使用期限内进入某一特定的客房,在客人登记时,由接待员为客人制作和分发,输入相关信息后,可以作为客人在饭店的信用卡刷卡消费。

3. 员工卡

员工卡有总管卡、大厦卡、区域卡、部分卡四种,通常按管理区域的不同,由经理、主管、领班、员工分级使用。

此外,还有复位卡,当员工卡亮红灯不能开门时,用以重新设置一张有效卡,即可正常使用;一次性卡,供楼层修理人员使用,仅对客房锁有效,使用一次后自动失效,有时大堂副理或公关人员带客参观客房也用此卡;时段卡,不是一次性有效,而是在一个极短的时间内有效(如2小时),可在限定时间内方便使用。

4. 特殊卡

(1)备用安全卡。该卡通常保存在安全的地方,当系统无电或出现意外事故时,供客人使用。

(2)终止卡。该卡用于使当前正在使用的宾客卡或备用安全卡失效,也叫退房卡。

(3)反终止卡。该卡用于使最后一张失效的宾客卡或备用安全卡恢复功效。

### 四、IC卡与磁卡锁钥匙的制作

(1)宾客卡通常在客人入住后才制作,每位磁卡钥匙制作员工都有独立的密码进入制作系统。

(2)根据不同管理层次逐级规定制作人员的权限。如宾客卡由接待员或收款员制作。

(3)钥匙的制作者及密码应由高层管理人员专人负责管理和控制,随时查对制作钥匙的情况。

(4)开门时,应持有效卡,按卡片箭头方向轻轻插入门锁的插口内,插到底后平稳拔出,拔卡速度不能太快或太慢,中间不能停顿。磁卡拔出后,指示灯亮绿灯,在约10秒内执手下压即可开门入房。若超过10秒未开门,门锁又会自动锁上,指示灯亮红灯。这说明此卡不可开门,应重新设置新卡使用。

(5)宾客卡在登记的时间内可开启相应的客房。如住客卡丢失或住客提前退房,可以用新的宾客卡或终止卡把门打开,原住客卡立即失效。

(6)客人结账时,把磁卡或IC卡钥匙交前厅收款员。收款员应及时交接待员。接待员在交接班时,应同时清点未制作过的磁卡数量。有些饭店,客人也可随意带走钥匙卡。

(7)当电脑或制作钥匙的发卡器出现故障时,可使用备用钥匙。备用钥匙一般备3套以上,由前厅部经理或其他指定的专人使用、保存。

### 本章小结

饭店的客人来自全国及世界各地,在一个陌生的城市、陌生的饭店,客人必然有很多情况需要了解,很多问题需要询问,很多地方需要帮助。饭店要使客人满意,使客人感到方便,就必须为客人提供问讯服务。因此,接待员应熟练掌握问讯服务内容和程序,熟悉饭店各部门的情况及当地企业情况和旅游常识。在对客服务过程中,要主动、热情、耐心、周到,回答问题准确清楚、简明扼要。问讯处工作除向客人提供问讯服务外,还要负责受理客人留言、处理客人邮件等其他服务。

**思考与练习**

1. 问讯员的岗位职责是什么？问讯处应准备哪些书面资料？
2. 饭店的钥匙有哪几种？试比较客房钥匙三种常见管理模式的优缺点。
3. 留言有哪几种？饭店不便接受哪些留言？为什么？
4. 饭店如何分发客人的邮件？
5. 在问讯服务中，如何保证客人的隐私权？
6. 饭店前厅问讯员应掌握哪些方面的信息？

# 第5章 大厅服务

☞ 学习重点

- 门童岗位职责及店门接送服务
- 散客、团体行李服务规程及行李寄存程序
- 金钥匙服务简介及服务项目

大厅服务处，又称行李处，在大中型饭店中，一般下设行李员、门卫、司机、驻机场迎宾员（代表）等几个工种。其职责范围有接送行李、保管行李、递送邮件、开关车（店）门、回答客人的问题、机场迎送等。该部门的工作对顾客第一印象的形成起着重要作用。

## 第一节 应接服务

### 一、岗位职责简介

1. 门卫职责

（1）替客人开车门、店门。

（2）问候客人并协助提拿行李下车。

（3）向客人介绍饭店情况。

（4）替客人联系出租车。

（5）疏导车辆，保持大门前的交通畅通。

（6）雨天必要时为客人打雨伞服务。

（7）当出租车司机不懂外语时，应尽量帮助翻译。

（8）负责大门口的安全，如发现有形迹可疑的人在大门口停留，应上前询问，必要时让保安人员处理。

在有些饭店门卫属于安全部，在有的饭店则与行李员同属于前厅部大厅服务处，个别饭店不设专职门卫，由行李员完成门卫的工作。门卫的工作时间根据需要而定，至少应施行两班制，16 小时为客服务。

2. 店外应接员的职责

有些饭店还设立店外应接员（驻机场代表）一职，负责在机场、车站、码头迎接客人。其职责如下：

（1）代表饭店到机场、车站、码头迎接客人。

（2）为客人安排去饭店的交通工具，并在路上适当介绍沿途景观及饭店简况。

（3）积极争取未预订客人入住本饭店，为此，须了解即时最正确的房间出租率情况。

（4）为客人处理行李问题。

（5）向饭店提供贵宾到达及交通方面的信息。

(6)回答客人问讯,向客人提供本饭店的信息。

## 二、店外应接服务

店外应接员外出迎接客人时,最好手持一块写有饭店名称及客人姓名的牌子,以引起客人的注意,方便客人找到预订的饭店。牌子的正面应是中、英文对照的饭店名称,反面应是客人的英文或中文姓名。寻人牌上应钉有0.5米左右长的把手,这样可使牌子举得高些,客人很容易从人丛中发现寻人牌。店外应接员要特别注意自己的仪表、仪容,举止言谈要温和得体,动作要快捷而准确,要充分体现本岗位工作的特点(即责任心、自觉性、灵活性、协调性和独立性)。当重要客人到达机场时,店外应接员要事先把信息送入海关,以便检查,并随时把重要客人的情况(如:尚未到达、已经到达、正在途中,或推迟到达)通知饭店,以便接待。如果飞机、车船的到达时间有变动,店外应接员应立即把变动情况通知饭店。店外应接员应在掌握饭店当天最正确的房间出租情况基础上,力争使更多的未订房散客入住,并在送客回饭店的路上,应适当介绍沿途风景,以解除客人长途旅行的疲劳。店外应接员还应该把要事记录在值班日志上,以使下一班的员工能继续完成本班未完成的工作,使饭店的服务在时间上具有连续性。

## 三、店门接送服务

店门接送服务主要由门卫负责,门卫也称守门人或司门员。门卫工作职责是穿着比较高级华丽的工作服,站在大门处为客人服务,一般由高大英俊、讲礼貌的男青年担任。在工作时,门卫通常应站在大门的两侧或台阶下、车道边,站立时应微挺胸、手自然下垂或下握、两脚与肩同宽。每项具体工作严格按操作规程进行。

1. 当客人到达时

(1)散客步行到店时,门卫应向客人点头招呼致意,并致欢迎词"欢迎您来我店,请";同时用手示意客人进入大厅,并为客人拉开饭店正门(自动门、旋转门则可不必)。如果客人的行李较多,门卫应帮助客人提拿行李,在进入大厅前交给行李员。如果行李员距此较远,门卫应用手势招呼行李员,而不能高声呼喊,以免破坏大厅内的安静气氛。

(2)坐车的散客到达时,门卫操作规范如下:

①把车辆引导到客人容易下车的地方,一般是正门前的台阶下方,如果客人的车停在不办理入住登记手续的楼前,则应把客车引导到接待处。

②汽车停稳后,门卫应打开车门,如果客人乘的是出租车,应等客人付完车费后再把门打开。然后热情地向客人致意问候,对常客应努力记住客人的姓名以示尊重。开门时,要用左手拉开车门成70°左右,右手挡在车门上沿,为客人护顶,防止客人碰伤头部。

③开车门时必须注意以下几点:

a. 原则上先女后男、先外后内、先老后幼,即应优先为女宾、外宾、老年人开车门。

b. 如无法明确区别车内乘客的性别、国籍、年龄等情况,应先开朝向台阶一侧的后门,如有必要再开前门,最后开另一侧的后门。

c. 如果客人行动不便,例如病人、老人和小孩,门卫必须扶助他们下车,必要时提醒他们注意台阶。

d. 开完车门后,如果客人有行李,门卫应帮助客人把行李卸下,并提醒客人清点行李,然后引导车辆离开,或用手势招呼行李员来卸行李。

e. 护顶时必须注意有两种客人不能护顶:一种是信仰佛教的客人,他们认为手挡在头顶上,会挡住佛光;一种是信仰伊斯兰教的客人。判断客人是否为上述两种情况,应根据客人的衣着、言行举止、外貌及门卫的工作经验。如无法判断则可将手抬起而不护顶,但随时准备护顶。

f. 下雨天,门卫应替客人打雨伞服务,客人随身携带的湿雨伞应锁在伞架上。饭店也可以向客人提供出租雨伞或交押金免费使用雨伞的服务,以方便客人。

(3)团体客人到达时,门卫应做好店前接车的准备工作,车子停稳后,门卫应在汽车门一侧站立维持交通秩序,迎接客人下车。对一般客人要点头致意并问好,对行动不便的客人要扶助他们下车,对随身行李较多的客人,应帮助提行李。客人下车完毕后,门卫要示意司机把车开走,或停在饭店附近适合停车的地方。有些饭店设有专职团体联络员,这时应由团体联络员或接待员迎接客人,门卫则在一旁维持秩序。

2. 送别客人时

(1)送别散客,门卫操作规范如下:

①当步行散客离店时,门卫应根据具体情况与客人道别。如客人是暂时外出,可以说"一会儿见";如客人是结账离店,则说"再见,一路顺风"等。

②对乘车离店的散客,门卫要把车引导至便于客人上车而又不妨碍装行李的位置。等车停稳后拉开车门,请客人上车、护顶,等客人坐稳后再关车门,注意不要夹住客人的衣、裙等。护顶的方法和禁忌与迎接坐车散客到达时相同。

③客人如果有行李,门卫应与行李员一起,把行李装上汽车的后舱,请客人核实无误后关上后车盖。

④客人离店时饭店留给客人的最后印象,与客人抵店时饭店留给客人的第一印象同样重要。门卫及有关人员送别客人时,要怀着感激的心情站在汽车斜前方 0.8~1 米的位置,挥手向客人告别,目送客人以示礼貌,并说"再见,欢迎您再来"或"一路顺风"。

(2)送别团体客人。送别团体客人时,门卫应站在车门一侧,一边点头致意,一边注意客人的上车过程,如发现有行动不便的客人,应扶助其上车。客人上车后,导游应通知门卫"人已到齐",门卫应示意司机开车。若是大客车,门卫则应站在车的斜前方 1~1.5 米处向客人挥手道别,目送客人离店,表示饭店对客人光顾的感激,及欢迎客人再次光顾的诚意。

3. 门卫的其他日常服务

(1)大门周围的检查和清洁。大门是饭店的脸面,饭店应保持清洁,虽然门卫一般不负责清扫大厅,但有责任保持大厅清洁,提醒客人不要乱丢垃圾。如果在大厅内发现体积小、容易清除的垃圾,门卫应随时清除;如大厅内发现烟蒂,门卫应立即捡起;如果在大厅内发现大块垃圾,门卫应立即通知公众区域清洁组来打扫。

(2)大门的安全措施。大门的安全非常重要,门卫应随时注意饭店大门上所有部件的完好程度,如发现故障,应随时排除或迅速通知维修人员修理。如果万一有人碰伤,门卫要及时与医务室或医院联系,尽快救护。

(3)大门周围的警戒。门卫应与安全部人员一起,注意出入者的动向,若在门口发现无主箱包,应检查其中是否有危险品,并密切注意或清除在饭店大门口的形迹可疑人员。必要时要通知安全部甚至公安部门处理。如果有衣冠不整的人要进入大厅,门卫应尽可能地劝其穿戴整齐后再进入。

(4)回答客人的询问。门卫应准确回答客人提出的问题,如果对客人的问题没有把握,应请客人到问讯处询问。

(5)负责升旗。根据节日不同,门口应按饭店要求升挂彩旗、国旗及带有店徽的店旗等。例如,某国国家元首下榻在本饭店,饭店就应在升挂我国国旗的同时,升起挂该国国旗以示尊重。国旗一定要是新的,不可是破损和脏污的。从门里向外看,我国的国旗应挂在左边,外国国旗则在右边,每个国家的国旗应挂得一样高。挂三国以上的国旗时,应按英文字母顺序,由左向右排列升挂。

## 第二节　行李服务

行李服务是前厅部向客人提供的一项重要服务。饭店一般负责把客人的行李从饭店大门口送到客人房间门口或客房内,或把客人的行李从客房门口收至饭店大门口。饭店通常在大厅内设行李服务台,由一位行李员值台为客人提供各项服务,值台行李员应礼貌待客、耐心细致并保持柜台的清洁,不能随意脱岗。

散客、团体客人有许多不同的特点,这就决定了散客、团体的行李服务规程是不同的。

### 一、散客行李服务规程

(1)行李员的站立姿势与门卫相同,但应站在门卫的身后或侧面。

(2)散客乘车抵店时,行李员应在车停稳、客人下车后卸下行李,并请客人清点过目,准确无误后,再帮助客人提拿;对客人的易碎物品、贵重物品,行李员不必主动提拿,如果客人要求行李员提拿,行李员应特别小心地提拿,防止丢失和破损。

(3)行李员引领客人时,应用外侧手提拿行李,除非行李很大、很笨重,否则通常不用行李车;引领客人时行李员的步伐节奏,应尽量与客人保持一致,不时用手示意前进的方向,并在适当的时刻介绍饭店的情况。

(4)引领客人到接待处后,行李员应放下行李,站在柜台边侧,等候客人登记。

(5)客人办完入住登记手续后,接待员应把钥匙交给行李员,由行李员引领客人去客房。

(6)当行李员引领客人到达电梯口时,应放下行李,用手按住电梯按钮等候电梯门打开,并使之保持敞开状态,用手势示意客人先进入电梯,并说“请”,然后行李员提行李跟进。

(7)在电梯内,行李员应尽量靠边侧站立,并把行李尽量靠边放置,以免冲撞客人或挡住客人的出路,也便于行李员根据客人的要求,开停电梯和开关电梯门。有条件的话,应尽量设置行李专梯运送客人的行李,特别是团体行李,更应专梯运送,以免造成客人的不便。

(8)出电梯时,行李员也应手按电梯按钮,使门保持敞开,请客人先出电梯,然后提行李跟出。如果行李很大使用了行李车,或大件行李挡住了客人的出路,行李员应先把行李提出,或先将行李车推出电梯,然后在电梯外按住按钮,使门保持敞开状态,请客人走出电梯。

(9)行李员可以把行李交值台员,由值台员引领客人去客房,为客人开房门并介绍房内的设施。但这样做的饭店越来越少,大部分饭店的做法,都是由行李员完成上述全部工作。行李员应走在客人斜前方2~3步远,但必须靠边侧走,把中间位置让给客人。如果对面走来了其他客人,或客房服务员推来了工作小车,则行李员应该停下脚步,侧身让对方先过,绝不可与对方争先。

(10)到客房门口,行李员应放下行李,用手指节敲门,待确认无人回答后方可用钥匙开门进入,这样可以防止重叠分房给客人造成的不便。

(11)行李员打开房门后应先开灯,或把钥匙插入节能钥匙孔中,然后扫视一下客房,如果是 OK 房,再请客人进入。

(12)进入客房后,行李员应把行李放在行李架上,行李箱摆放的方法应是正面朝上、把手朝外,以方便客人开箱;然后打开窗帘,依次向客人介绍房间内的设施及使用方法。对常客只需介绍饭店新增的服务项目及服务设施即可。行李员的介绍用语必须简短,尽量不用手势,以免给客人造成在等小费的误解。

(13)行李员在离开客房前,应礼貌地称呼客人姓名并道别,告诉客人有事可通知自己,然后面对客人退出房间,轻轻把门关上。

(14)收取散客行李出饭店时须注意:

①应按接待处或行李领班的通知,准时收取行李;收取行李时必须对准房号和行李,不可收错。

②必须确认客人已付完账并交回了客房钥匙后再提行李出大厅,为防止客人逃账,应主动与接待处或收款处联系。

③与客人当面核对行李件数,并把行李装上车。

④轻关汽车后舱盖,向客人挥手告别,欢迎客人再次光顾。

⑤散客行李出店时,应在进出登记簿上登记。

## 二、团客行李服务规程

团体行李由专车送到饭店,一般大的旅行社都有自己的行李员负责把行李送到饭店大门口,或从饭店大门口运走行李。饭店行李人员负责店内的行李运送及收取,有时团体行李也需饭店行李员帮助从机场、车站运回饭店,或由饭店送往机场、车站。因为有的旅行社没有专职行李员,故求助于饭店,对此,饭店应在满足本店团体行李服务的基础上尽量予以解决,但通常应收取费用。对于贵宾的行李,饭店应负责接送(接待单位负责接送的除外)。团体行李服务必须按操作规程进行。

### 1. 团体行李到达前

行李处根据接待处提供的当日预计到达客人的名单[E. T. A(Estimate time of arrival)]及团体分房名单(Rooming list),把预订抵店的团队名称、人数等信息填写在团体行李进入登记簿上,领班应安排足够的行李员在饭店大门口等候团体行李。

### 2. 团体行李到达时

行李领班要与行李押运人员核对行李件数,并检查行李是否有破损,然后,双方各自按规定程序履行签收手续。此时若发现行李破损与短缺,应由行李押运单位负责。行李领班或行李员还应把团名、人数、行李件数、进店时间、签收者姓名等,一并填写在团体行李进出登记簿上,并把破损、缺少行李的情况在备注栏中注明,只留下出店时间和件数两栏空白。

### 3. 团体行李的摆放

行李员要轻轻卸下行李,然后把行李集中摆放在大门一侧大厅内(或外)的空地上;大门另一侧则专门摆放出店行李,两者不可混在一起。如果几个团体的行李同时到店,除把几个团体的行李都放在入店行李一侧(一般是大门右侧)外,每一团体的行李应用网罩住,不同团体的行李之间应留有空隙。

### 4. 填挂行李标签

在每件行李上挂上行李标签,然后根据接待处提供的团体分房表,认真核对客人姓名,并在每张行李标签(见图 5-1)上,填写客人房号。填写房号时既要准确,又要迅速,然后在团体分房表的每一房号后面，注明入店的行李件数，以便将来出店时核对。某件行李如果没有客人姓名，则应把行李放在一边，在行李标签上先写上团体名称及入店时间，然后放入行李房中，以备查找。此后应尽快与陪同联系确定货主的姓名、房号，尽快送给客人。有时由于疏忽，外团、外店客人的行李会混入本团体行李中。如确系非本团体的行李，可挂一标签，写上简短说明，以备查找。

图 5－1　行李标签

5. 把写上房号的行李装上团体行李车

(1)装车时应该硬件在下，软件在上；大件在下，小件在上。有特别说明的行李应按要求摆放。例如，行李上有“请勿倒置”字样的，就应该正面朝上摆放。

(2)同一团体的行李应放于同一趟车上，放不下时分装两车。同一团体的行李分车摆放时。应按楼层分车，同一楼层或相近楼层的行李，应尽量放在同一趟车上。

(3)如果同一层楼有两车行李，则应根据房号装车，房号在电梯右侧的行李放在一趟车上，房号在电梯左侧的行李放另一车上；如果同一位客人有两件以上的行李，应该把这些行李放在同一车上，不能分开装车，以免客人只见到一件行李，会误以为另一件或几件行李丢失了。

(4)现在团体客人大多数都用较硬的、尺寸相差不多的行李箱，所以在电梯同一侧房号的行李装车时，一般无须考虑箱包的大小、硬度，只要按房号离电梯的距离远近顺序摆放即可，离电梯远的房间的行李放在行李车的下层，离电梯近的房间的行李，放在行李车的上层。送团体行李时，通常使用团体行李专梯或工作人员专梯，不得已与客人混用电梯时，不得影响客人出入电梯。

行李送到楼层后，有的饭店要求送入客房、有的饭店规定放在门口即可，还有的饭店要求行李员送交楼层服务员。总之，运送客人的行李，应严格遵循“团体同车、同层同车、同侧同车”的原则，才能保证工作的准确性，从而提高效率。

6. 处理行李差错和破损

如果在运送行李过程中发生差错或破损，要及时处理，并报告领班及导游。

7. 团体行李离店时

行李领班或行李员必须与领队或全陪或接待处联系，确定团体离店时间及收行李的时间、件数，并把每个团体团行李的时间、件数记录在团体行李进出登记簿上，然后在规定的时间内到楼层收取客人放在门口的行李。收取行李时，按客人入店时的分房名单收取。行李员应核对每个房间的入店行李件数和出店行李件数，如果实际件数与导游记的出店行李件数不符，则应详细核对，并追查原因。收行李时应按照房间离电梯的远近，在电梯同一侧的行李自远向近收取，摆放在行李车上，与送行李的顺序正好相反。行李员从走廊尽头开始，收完一房的行李把行李车向前推进一段路，一直到电梯附近，一件也不会漏，也不必走回头路，两位行李员一起收（或送）行李，可以加快工作速度。如行李车已装满，只多一件放不下，行李员可拿在手中。行李员用行李车把团体行李收齐后，放在大厅内存放出店行李的一侧，同一团体的行李应放在一起，必要时用网罩住。当晚送到大厅，次日清晨出店的行李，要严加看管以防丢失。

行李装上送往车站或机场的行李车后，要请陪同核对行李件数，并在团体行李进出店登记簿上签名，然后送出饭店。

### 三、行李寄存服务规程

（1）如果客人要求寄存行李，行李员应请客人填写一式两份行李寄存单，或由客人口述，行李员代为填写，请客人过目无误后签字。行李寄存单上要写明客人姓名、房号、寄存时间等，其形式通常是由两份相同的表格组成。下面的一份交给客人，作为取行李的凭证，上面的一份系在所寄存的行李上（见表5－1）。

（2）客人填写行李寄存单时，行李员应告诉客人本饭店不寄存易燃、易爆、易碎、易腐烂的物品，同时提醒客人，贵重物品及现金不宜寄存在行李房中，要请客人自己保管，或存放在收款处的小保险箱内。然后把行李放入行李房中分格摆放。行李房应上锁，钥匙由行李主管或领班亲自保管。

**表5－1　　行李寄存单（正面）**

姓　名
NAME ________________________

行李数目
LUGGAGE ________________________

日　期　　　　　　时　间
DATE ____________ TIME ____________

房　号
ROOM No. ________________________

客　人　签　署
GUEST'S SIGNATURE ________________________

行　李　员　签　署
BELLBOY'S SIGNATURE ________________________

请注意背面之条件
Note Conditions on Reverse

（3）客人提取行李时，行李员首先要请客人出示行李寄存凭证，然后与系在行李上的寄存单核对，如果两部分完全吻合，行李员就可以把行李交给持寄存单的人。

（4）如果需要客人等待时，行李员应按行李寄存单上的姓名，称呼客人，请客人稍候。

(5)行李寄存单的背面应说明饭店对客人寄存的行李负有多少责任,如果客人不及时来取寄存的行李,饭店将如何处理,见表5－2行李寄存单(反面)。同时,行李员还必须向客人说明,寄存行李是否收费(一般是不收费的)。要特别注意纸袋等易散物品,发现将要松散的,应在征求客人意见后重新包扎。行李房的钥匙应由行李主管保管,两人在场才可以进入行李房。

表5－2　　行李寄存单(反面)

| |
|---|
| CONTRACT RELEASING LIABILITY<br><br>No charge being included for the receipt and storage of the property for which this check is issued, it is agreed by the holder in accepting this check that the hotel shall not be liable for loss or damage to said property caused by negligence of the hotel or its employees or by water, fire, theft, moths or any other case. If property represented by this check is not called for within six months, the hotel may, at its option, sell the same without notice, at public or private sale. Hotel is authorized to deliver property to any person presenting this check, without identification.<br><br>如已签发此存放行李收条,绝不收取任何费用,但持有人应同意本饭店绝对不负任何有关本饭店之员工疏忽而造成的损失或破坏之责任,例如水浸、火烧、盗贼、虫蛀或其他意外等。如行李存人超过6个月,本饭店将会在不通知的情况下拍卖所有行李。本饭店有权将行李交给任何持有此收条的人士而不需要身份证明。 |

### 四、行李破损、错送、丢失的处理

1. 行李破损的处理

(1)在饭店签收的发现破损的行李,饭店不负任何责任,但必须在团体行李进店登记簿上登记。

(2)签收后,在运往客房途中,或从客房送至饭店大门的途中破损,应由饭店负责。首先应尽力修复,如果实在无法修复,则应与导游及客人协调赔偿事宜(或钱或物)。

2. 行李错送的处理

(1)本批团体行李中多一件或几件,应把多余的行李存放在行李房中,同一批多余的行李应放在同一格内。用行李标签写一份简短的说明,注明到店时间及与何团体行李一起送来,然后等候旅行社来查找。

(2)同批团体行李中少一件或几件,亦应在签收单上加以说明,同时与旅行社取得联系,尽快追回。

(3)行李换错的处理,应把非本团行李挂上行李标签,写一个简短的说明后存放于行李房的一格中,等候别的旅行团来换回行李,或通过旅行社联系换回行李事宜。

(4)无人认领行李的处理。有时在饭店某公共场所发现无人认领的行李,此时,应提高警惕,防止行李中有走私物品、毒品、爆炸物等,通常应有几人在场打开行李,先看是否正常物品,然后判断其价值,如价值较高,应尽量查找线索,寻觅失主,如无价值则可丢弃。各饭店规定的最长保存期,从45天至6个月不等。实在找不到失主的线索,且达到了饭店规定的保存期,可予以拍卖。

3. 行李丢失的处理

(1)行李到店前丢失,由旅行社或行李押运人员负责;如果饭店押运的行李是在去饭店的途中丢失的,应由饭店负责。但因客人尚未办理入住登记手续,还不是饭店的正式客人,所以饭店的赔偿责任,应轻于住店客人的行李丢失情况。已订房客人的行李,如果由饭店行李员负责接送,在运往饭店的途中行李丢失,其处理方法同上。未订房客人的行李,饭店原则上不予运送,或暂时看管(指在饭店大门口以外的范围),如果客人再三要求,饭店人员可以答应为其运送或暂时看管行李,但必须再三声明,如果行李丢失,饭店不负责任。

(2)客人到达饭店后,在办理入住登记手续前,或办理退房手续后丢失的行李,原则上饭店不必赔偿。因为未入住或已离店的客人,不是饭店的正式客人,饭店没有义务负责其行李的安全。但为了饭店的长远利益,遇有此类情况,饭店同样酌情适量予以赔偿。

(3)已寄存的行李丢失,饭店应予以赔偿,但赔偿应有一个限额,因为过于贵重的物品本不应放在行李寄存处寄存。

(4)客房中的行李丢失,饭店应赔偿,但如果饭店再三要求客人寄存的贵重物品,客人因未按要求寄存而丢失,饭店则不必赔偿。另外,客人敞开大门并离开房间而导致的物品丢失,饭店同样不予赔偿。

4. 饭店不负责赔偿的前提

(1)因客人的过失而引发事故造成的损失,饭店可以不负责任。如果饭店同时也有过失,则双方应视责任的大小各承担一部分责任。

(2)不可抗力造成的地震、火灾等事故引起的客人财物损失,饭店一般不负责任。

(3)无法确定饭店必须负责的事故造成的损失,如有些客人的财物损失找不到原因,或者不能肯定必须由饭店负责,则饭店可以少赔偿或不予赔偿。

### 五、邮件、报表递送服务程序

进入饭店的邮件以及饭店的各类表单,通常由行李员分送到相应的部门、个人或住客手中,也有些饭店专设信使员(递送员)来完成此项服务。

行李员递送的邮件、物品、表单主要有:留言、传真、电传、信件、包裹、邮件通知单、挂号信、汇款单、特快专递(可先由饭店代收转递给客人或由专递员直接交客人签收)、电报、报纸、杂志、各种报表、总台的各种单据、收款处给客人的催款单及应转给客人的鲜花等。

1. 递送物品注意事项

(1)尽量行走员工通道,乘坐员工电梯。

(2)有员工通道可以到达的地方,即使绕远路也应避开公开场所。

(3)只上、下一层楼时,要走楼梯。

(4)急件可乘客梯递送。

(5)每次递送完毕应在登记簿上登记。

2. 递送物品须办理签收手续

(1)递送须经客人签收的物品有:传真、鲜花、水果、电报、电传、留言、挂号信、包裹、特快专递、汇款单等。在收到上述邮件物品后应立即送给客人,如果客人房门口有"请勿打扰(DND)"的牌子或字样,应先打电话给客人,然后按客人吩咐做。平信不必签收,部分低星级的饭店平信可能会打电话通知客人来取。

(2)递送到各部门和前厅部各班组的报纸、通知、原始单据等,由有关部门、班组人员签收并应注明签收时间。

3. 递送物品的工作顺序

(1)先客人,后饭店。

(2)先贵宾、常客,后普通客人。

(3)先急件、快件。

(4)先传真、电报、挂号信、特快专递等需签收的邮件物品,后一般平信。

(5)通常情况下应从高楼层向低楼层递送。

### 六、换房行李传送服务程序

(1)行李员从接待处接过换房通知和所换客房的钥匙后(如果客人外出,还要带上客人正在使用的客房钥匙),推行李车(行李较多时)或不推行李车去客人正在使用的客房。如推了行李车,应停在客房门外。

(2)如客人在房内,尽量请客人自己整理细小东西或按客人的要求帮助整理和搬运。如在客人外出期间换房,应事先得到客人的许可并请客人整理好行李,然后与客房服务员一起搬运行李,如果客人行李仍未整理好,要记好客人行李件数、种类、摆放位置,行李搬到新的客房后应按原样放好。

(3)报纸、杂志等要全部搬过去,不可任意处理,行李员还应仔细检查衣柜、抽屉、卫生间,查看有无客人遗留的物品。

(4)客房换好后,应到接待处交回钥匙并告诉对方已换好房,同时把相关的事项记录备案。

## 第三节 金钥匙服务

### 一、金钥匙服务简介

金钥匙服务译自法语 Concierge,又可译为礼宾服务和委托代办服务等。关于"金钥匙"的含义,目前所知有二:其一,"金钥匙"是对饭店前厅服务职位的一种美誉。20 世纪初,在欧洲一些较为古老的饭店设有门房(Concierge)一职,又称"大门服务长"或"守门人"。该职位的传统职责是掌握客房钥匙,为客人办理任何需要的服务,如迎来送往、代订影戏票、答复问讯、订车、请医生、代购物品等,故有"金钥匙门房"之称。"金钥匙门房"最重要的作用是善于倾听客人的想法,从某种意义上说,他是客人的知心朋友,"金钥匙服务"即源于此。其二,"金钥匙"是高星级饭店个性化服务或综合服务总代理的一种标志。1929 年,一个国际性的饭店服务组织——"国际饭店金钥匙组织"在法国成立。在金钥匙职位上工作比较出色的人,通过一定程序,会被吸收为"国际饭店金钥匙组织"成员。其标志是被允许在制服衣领两侧各佩戴一个由两把垂直交叉的钥匙构成的金钥匙徽章。这两把金钥匙的含义是:一把用于开启饭店综合服务的大门;另一把用于开启饭店所在城市综合服务的大门。

中国"金钥匙"起步较晚,广州白天鹅宾馆委托代办负责人于 1993 年率先加入国际饭店金钥匙组织,成为中国第一位国际饭店金钥匙组织的成员。现在,国际饭店金钥匙组织中国区的首席代表也在广州白天鹅宾馆。从 1995 年 11 月召开第一次金钥匙服务研讨会开始,几年间,金钥匙服务从规模和理念上,都有了飞速的发展。1997 年 1 月,在第 44 届国际饭店金钥匙组织年会上,中国的金钥匙组织被接纳为第 31 个成员国。1999 年 1 月 20 日,经国家旅游局批准,中国饭店金钥匙组织正式成立。目前,全国已有 245 个城市的 1820 多家高星级酒店的2600多人正式加入了国际饭店金钥匙组织。2000年1月和2010年3月，在中国广州和杭州分别召开了第47届和第52届国际金钥匙组织大会，预示着未来我国“金钥匙”的发展将会更快。

总之，饭店金钥匙服务，是一种典型的在完美主义的激情下实施的极致服务，所谓“精诚所至，金石为开”，饭店金钥匙对这种特定形式的理念和形式的执着追求，使服务中的各种困难迎刃而解。饭店金钥匙的本质，即服务就是一切。

## 二、金钥匙（或委托代办）服务项目

1. 衣物寄存服务

（1）饭店有宴会、酒会、大型会议等重大活动时，礼宾部（或行李员）应负责客人的衣物寄存。当行李员接到重大活动或大型宴会书面通知后，应将存衣处（衣帽间）准备好。存衣处必须设有明显标志，有足够的挂衣架及存放小包的架子和挂钩。有些饭店存衣服务由相应的部门（如宴会厅、舞厅等）提供。

（2）客人前来寄存衣物或随身小包（大包存于行李寄存处）时，应向客人说明贵重物品、现金和重要文件等谢绝寄存。存衣物时，应发给客人一块存衣（物）牌，并把相同号码的存衣牌系在衣物上，按存衣牌序号挂在指定的衣架上。同一位客人如有多件物品应放在一起。

（3）客人取衣物时，应核对存衣牌号码，如无差错，把衣物送还客人同时收回存衣牌，并请客人当面检查所存物品是否完好，切记不可把客人衣服弄脏、弄皱。

（4）应小心看管衣物，由专人保管存衣间的钥匙，闲杂及无关人员不得进入存衣间。

2. 外修、外购服务

（1）行李组应派人提供专项外修（如修箱包、照相机等）、外购及到店外取送物品的服务。

（2）当客人提出此类服务要求时，行李员应详细询问客人外修、外购及取送物品的名称、规格、时限、地点和费用限额，并做好记录。

（3）行李员应迅速完成外修、外购、取送任务，做到及时、准确，手续清楚，各项费用单据齐全，符合规定。

（4）完成任务后应及时返回，每次承接任务的内容和时间要登记。

（5）有时行李员还要完成其他委托外出服务，如订戏票、送票、替客人把物品或信件送到市内其他指定地点等。接到客人这种要求，应请领班统一安排，及时照办。

3. 寻人服务

（1）当访客来店找某一位住店客人，而客人不在房间时，应记录下住客姓名，由行李员在公共区域特别是大堂举寻人牌寻找该住客，寻人时可敲击寻人牌上的铜铃，铜铃会发出悦耳的声响引起客人观看寻人牌上的姓名，从而便于发现客人。

（2）寻找在饭店内活动的非住店客人，方法与寻找住店客人相同。

（3）如果需要在饭店其他营业场所（如餐厅、泳池）寻找某人，可通过电话总机打电话到各营业点协助查找。

（4）饭店一般不允许访客进入外出的住客房间，除非事先有住店客人的书面委托。

4. 出租自行车服务

出租自行车服务，是许多饭店为方便顾客、增加饭店收入而设立的。提供出租自行车服务时必须注意：

(1)饭店所有供出租的自行车,都必须按号码顺序分类排列在饭店的"出租自行车号码一览表"上,自行车上除有本市统一编号外,还应有饭店的编号。饭店供出租的自行车种类必须齐全、数量必须充足。例如,男式车、女式车、山地车、赛车、童车等,其规格从小到大都应齐备,还应准备幼儿车及婴儿车架,供儿童或父母带幼儿使用。大厅主管或领班每周应检查一次所有的自行车,并将损坏的自行车交工程部修理。

(2)晴天时要把自行车停在露天供顾客选用,这样容易把完好的和损坏的自行车分开,以利于顾客缩短租车时间。下雨天自行车一般不搬出室外,如天突然下雨要把自行车搬入室内。每天早班的行李员,应检查每辆自行车的完好程度,并核对上周记录,将有出入的地方告诉领班。领班则应在饭店可供出租的自行车一览表中注明。总之,必须对每辆自行车的完好程度做到心中有数。

(3)客人租用自行车时,行李员必须填写自行车租用单(也可以由客人填写),记下租用时间、客人姓名和房号,然后与客人一起挑选合适的自行车,把钥匙交给客人。如果需要客人稍等,要有礼貌地告诉客人。自行车原则上只提供给住店客人,非住店客人租用自行车,要视饭店规定是否允许及自行车是否够用而定。出租自行车的时间应从上午6:30~21:00,这样可使中班行李员在下班前有足够的时间清点整理自行车,并搬入室内。

(4)如果有人要求在饭店规定的时间之外租用自行车,则必须提前一天预订。行李员可以选一辆自行车放在办公室内,使客人能及时拿到。当班行李员须在值班日志上把这一特殊要求记录下来,并交给下一班,使下一班行李员也知道客人的要求。

(5)客人归还自行车后,行李员应立即记录归还时间、车号,并标出单价,汇总出租车费用。然后请客人以下列两种方式付款。

①客人把自行车预订单交给行李员,由行李员把费用加入客人账内。预订单上必须有客人的签名。

②如果饭店不实行一次性结账,或租用自行车的是团体客人,就应该请客人支付现金,除非该团体客人,已事先要求饭店为他另立账单,用于记录团体客人于包价之外在饭店发生的费用。

(6)出租自行车时,行李员必须注意如下事项:

①行李员必须陪客人到收款处。

②行李员不得直接向客人收取现金。

③费用必须有起步价,至少应有租用时价的规定,不足规定时间,按规定时价计算。要在客人租车时即讲明租车时价及最迟几点钟还车。客人还车时,行李员应检查车辆是否有损坏,如有损坏,应视损坏程度决定处理办法。

④当客人租车后应向客人宣传我国对使用自行车的一些规定。如有些地方自行车只能推行不能骑;有些地方不能停车;非机动车应靠右行驶;有些地方外国人不允许进入等,以免外宾因违章被扣车。

5. 出租汽车预约服务

客人要预约出租汽车时,行李员应及时帮助联系。出租车可以是饭店拥有的,也可以是出租汽车公司在饭店设点服务的;还可以由行李员及前厅部其他职员用电话从店外叫车。叫车后,无论是客人先到而车未到,还是车先到而客未到,行李员都应负责到底,找客人或继续联系车,以免耽误了客人的行程。

在出租车较少的城市，或者是用车量大的高峰时间，为保险起见，客人用出租车最好通过前厅部人员提前预订，由前厅部职员（如行李员）根据客人的要求，填写出租车预订单。

行李员在出租车到大门口时，要向司机讲清客人的姓名、目的地等，并充当客人的翻译向司机解释客人的要求。必要时，可填写一张向导卡给客人，上面用中文写明客人要去的目的地。

客人要乘飞机或赶火车时，还应提醒客人（特别是外宾）要留出足够的时间提前出发，以免因交通阻塞或其他原因耽误了行程。用车量大时，行李员要及时与其他出租车服务点联系，如果实在没车，在时间急迫的情况下，行李员应尽量拦下其他车辆送客人去目的地。

一般预订出租车应提前两分钟到，非预订出租车客人的候车时间不超过一分钟，车辆到达并停稳后，应在半分钟内打开车门\护顶，并请客人上车。

6. 雨具出租（提供）及保存服务

（1）下雨天，来宾的湿雨伞、雨披会淋湿大厅地面，客人进入走廊还会沾湿地毯。行李员（或门卫）应礼貌地请客人把湿雨具存放在大厅门口的伞架上（非雨天客人雨伞也可以锁于此处），或由行李员找适当的地方存放（指湿雨披），等客人外出或离店时再还给客人。

（2）下雨天客人无雨具很不方便，所以大厅行李组及饭店其他楼的服务台应提供出租或免费借用的雨具供客人使用。

7. 旅游咨询与安排

饭店金钥匙应该熟悉饭店所在城市及周边地区的旅游景点、风土人情及地域特点，熟悉各旅游公司，以便向客人推荐景点并安排客人的旅游行程。

8. 任何客人提出的其他合理服务

饭店金钥匙还要受理客人的其他要求，例如下一站的饭店客房、订餐、订车、订花等预订服务，护士和医生的预约，聘请临时秘书、公证人，推荐美容师、按摩师等。行李员都应努力完成或交给相关部门完成客人提出的合理服务要求；即使尽了全力也不能完成，应向客人解释原因，请求谅解。

**三、订票服务**

旅行社组织的团体客人，其票务一般由旅行社自行解决；企事业单位介绍的会议团体客人的票务，一般由各会议举办单位解决。一般散客要求饭店代订车、船、机票，由于我国交通事业还比较落后，客人到达一座城市后，是否能准时离开难以预料，能否解决客人的票务问题，越来越成为影响许多客人选择饭店的重要因素。因此，如果有条件，饭店应尽量向客人提供订票服务。大部分饭店把订票服务设在订房处，有些饭店则设在问讯处、行李处、专设的委托代办柜台或专职的票台。小型饭店的订票服务，往往由总服务台服务员兼管。

1. 住店客人的订票服务程序

（1）填写订票委托单（见表5－3）。住店客人要求订票，应持住店凭证到订房处，由客人亲自填写日期、班次和等级，如硬座、硬卧、软座、软卧、一等舱、普通舱等。还要填写当第一选择无法满足时，客人认定的第二选择日期和班次等。订票委托单由订房员过目无误后签字即可。

（2）预收订票款。如果预收了客人的订票款，则应在订票委托单上注明。饭店订票是否收取手续费。收多少也应向客人当面说明。

**表5-3　　订票登记单**

# 预订 火车/飞机 票登记单

REGISTRATION FORM FOR BOOKING TRAIN AND PLANE TICKETS　　on __ of __ in __

<table>
<tr><td>房号<br>Room No.</td><td></td><td>姓名<br>Name</td><td></td><td>人数<br>Persons</td><td></td><td>往何处<br>Destionation</td><td></td></tr>
<tr><td rowspan="2">启程日期<br>Time for Departure</td><td colspan="4" rowspan="2">月　日　或　月　日<br>Month　Date　or　Month　Date</td><td rowspan="2">拟乘<br>Prefer to Go by No.</td><td colspan="2">次车(Train)</td></tr>
<tr><td colspan="2">班机(Flight)</td></tr>
<tr><td rowspan="2">类别<br>Seat<br>Classification</td><td>硬座<br>Hard Seat</td><td>软座<br>Soft Seat</td><td>硬卧<br>Hard Couchette</td><td>软卧<br>Soft Couchette</td><td colspan="3">预交款<br>Money Payed Beforehand</td></tr>
<tr><td></td><td></td><td></td><td></td><td colspan="3"></td></tr>
<tr><td>备注<br>Remarks</td><td colspan="3">第二选择日期及班次：</td><td colspan="4">经手人<br>Taken By</td></tr>
</table>

注：取票凭证盖章有效(The stamped voucher for getting the tickets)。

(3)请客人出示身份证件，必要时可请客人留下身份证、介绍信、工作证等，以便订票。订软卧和飞机票的外宾还须使用护照。

(4)如果饭店尽全力而不能保证有票，就必须向客人说明情况，并问客人万一买不到指定日期的票，是否还能改买其他日期、车次或班次的票。

(5)取到车(机、船)票后，应把票装在一个专用的小信封内，并在信封上写明日期、车次、班次、票价、客人姓名、预收款数额、应找款数额等。信封内除放入客人的车、机、船票外，还应放入订票委托单的购票联及应找给客人的零钱。

(6)客人来取票时，订房员必须收回订票委托单的取票联，妥为保存或撕碎，并把上述信封交给客人，请客人当面点清；再把订票手续费的收据交给客人，向客人收取手续费，然后向客人道别。

(7)如果未买到票，应再三向客人道歉，并尽量给客人提供帮助。

(8)如果客人订了票又退票，饭店应根据交通(民航、铁路、航运)部门的规定和饭店的补充规定收取退票费，并把注有退票费标准的书面通知给客人看，同时把退票费收据交给客人。

2. 非住店客人的订票服务程序

(1)饭店没有义务为非本店的住客订票，原则上不接受这类客人的订票要求。特殊情况下，如果饭店管理人员同意，可按住店客人订票的同样手续办理。

(2)订了房间而未到达的客人，如果饭店已确认了客人的预订，或收了客人的订金，可以接受其订票要求，并根据订票的电传、电报或信件，填写订票委托单。此后，应将写有详细订票要求的订票原始资料(如电传、电报或信件)与订房表一起存档，以备查询。客人打电话订票时，订房员应根据客人的电话记录填写订票委托单。记录时要仔细，特别是车、船、机票的日期、班次、等级、人数、护照号码等，切不可听错、记错。在记录后应向客人复述一遍要点，以保证记录完全准确。

(3)客人订了房，而未给饭店足够的时间或详细的地址确认，也未付订金。这类客人的订票要求，饭店以不接受或待客人入住后再接受为宜。如果客人保证到店，或合同单位介绍来的客人，有合同规定担保，可以按住店客人订票程序办理，或由客人先交一定的订票订金，饭店也可以受理订票。总之，对未经确认的客人的订票要求，是否接受、在怎样的前提下接受，饭店应做出明确的规定，由订房员执行。

**本章小结**

大厅服务处又称前厅部礼宾服务处。其主要职责为店外应接服务；开关车门、店门，向抵店客人表示欢迎，致以问候；协助管理和指挥门厅入口处的车辆停靠，确保畅通和安全；代客装卸行李，提供行李寄存服务；转送客人的信件、电报、传真及邮件等；传递有关部门通知单；雨伞的寄存与出租；寻人服务；代客联系车辆，送别客人；负责客人其他委托代办事项。礼宾部的金钥匙还能提供金钥匙服务，满足客人的各项要求。

**思考与练习**

1. 请说明团体行李服务规程。
2. 请了解你所在地区出租汽车的收费情况。为避免被多收费，你应该让客人注意什么？
3. 如有条件，请练习为散客开车门和护顶的程序。
4. 如有条件，请就团体客人行李服务规程进行操作练习。
5. 门卫迎接和送别乘车散客时应注意什么？
6. 请设法了解现行的民航、铁路、公路、航运部门对客人购票的规定。
7. 简述“Concierge”的传统职责及作用。饭店金钥匙的本质是什么？金钥匙徽章的含义是什么？

# 第6章 商务中心与总机服务

**学习重点**

- 商务中心服务项目及操作程序
- 总机房设备、环境要求及话务员素质要求
- 总机服务项目及操作程序

## 第一节 商务中心服务

为满足客人的商务需求，越来越多的饭店设立了商务中心（Business Centre）。通常，商务中心应设在饭店一层或二层的公共区域内，并有明显的指示标记牌，便于客人查找及与总台联系（如互用现有设备、调配员工及沟通相关信息等）。商务中心一般以房间为单位进行设计，具有安静、隔音、舒适、优雅、整洁等特点。

商务中心拥有的设备及用品如下：复印机、传真机、电传机、多功能打字机、程控直拨电话机、电脑、录音机、装订机、碎纸机及其他办公用品，同时还应配备一定数量的办公桌椅、沙发，以及相关商务刊物、报纸、指南、资料等。

除拥有上述先进、齐全的设备、物品外，还应配备具有一定专业经验的工作人员。由于商务中心工作的特殊性，要求商务中心的工作人员热情礼貌、业务熟练、耐心专注、经验丰富、严守秘密、掌握秘书工作的知识与技能，密切与饭店各部门的联系，提供高水准，高效率地对客服务。

### 一、商务中心的服务项目

（1）复印。

（2）打字。

（3）电传。

（4）传真。

（5）电报。

（6）国际互联网（Internet）。

（7）翻译（多种语言）。

（8）听写/会议记录。

（9）抄写、文件核对。

（10）代办邮件。

（11）洽谈室出租。

（12）文件整理及装订。

除此之外，有些饭店的商务中心，还提供秘书、托运、信差、商业信息查询及安排会晤等。

## 二、商务中心服务操作程序

1. 复印、装订服务程序

(1)主动问候客人,按要求受理此项服务业务。

(2)核对客人的复印文件、张数、型号及规格等。

(3)复印操作(略)。

(4)清点复印张数,按规定价格计算费用,办理结账手续(现付/挂账)。

(5)若客人复印后,要求按文件原顺序规格装订,则商务中心人员应满足客人的要求。

(6)在宾客复印登记表中作登记。

2. 电脑文字处理服务程序

(1)主动问候客人,按要求受理此项服务业务。

(2)接过客人的原稿,问明打字要求(字体、标点、格式等),浏览核对原稿有无不清楚字符等。

(3)接通电源,开启电脑开始操作,录入、打印。

(4)打印完毕,对照原稿校对有无差错,并请客人亲自核对;询问有无改动,修改后再检查,以确保无误。

(5)若需进行文字处理,则取出饭店自备的几种电脑软盘,根据客人的需要,选定用户软件。

(6)打印出处理过的文件,再请客人过目检查。

(7)若需存盘,应告知客人存盘的文件名称,同时问清保留时间并说明费用。

(8)按使用时间及打印数量计算费用,为客人开具收费单或挂账。

(9)按审批手续受理饭店内部打字,并登记签名。

3. 发送传真服务程序

其具体服务程序如图 6－1 所示。

4. 接收电传、传真服务程序

其具体服务程序如图 6－2 所示。

5. 长途电话服务程序

客人在大厅内或离店前,客账已付或房内 IDD、DDD 已关闭,可以到商务中心打长途电话,其服务程序如下:

(1)见到客人应先问好或欢迎客人光临。

(2)请客人如实填好长途电话挂号单,上面写明受话人所在的国名、城市名及电话号码。有计费器的电话机也可以直接拨号无须填号单。

(3)服务员应主动告诉客人打到该国(或城市)的每分钟电话的资费,核实号码后,小心拨号。国内直拨也应告知每分钟话费。

(4)如果对方占线或未拨通,要请客人稍候,并询问是否还有号码,然后重新拨号。

(5)通话完毕,应按实际通话时间与收费标准开票收款。客人要签单,应出示欢迎卡,如有疑问应及时与总台联系核实,然后请客人在账单上签字。

(6)向客人道谢、道别,并欢迎客人再次光临。

6. 翻译服务程序

高星级饭店商务中心应该为客人提供或联系翻译服务,至少能提供英语口译、口译服务,其服务程序如下:

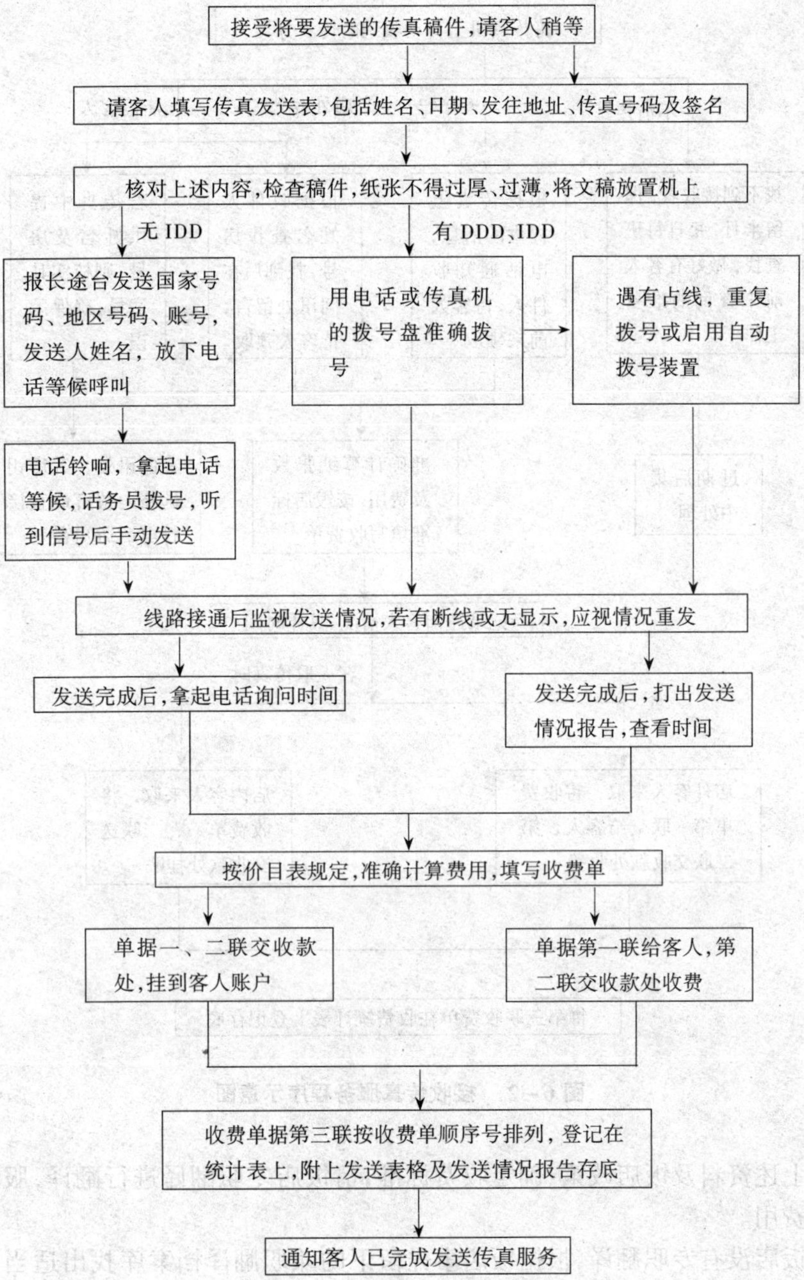


**图 6-1 发送传真程序示意图**

(1)笔译服务程序:

①客人走近柜台,商务中心服务员向客人问好,并提出帮助客人。

②客人提出翻译服务要求。

③服务员向客人了解翻译的页数、性质(文件、小说、科技资料等)及取稿时间。

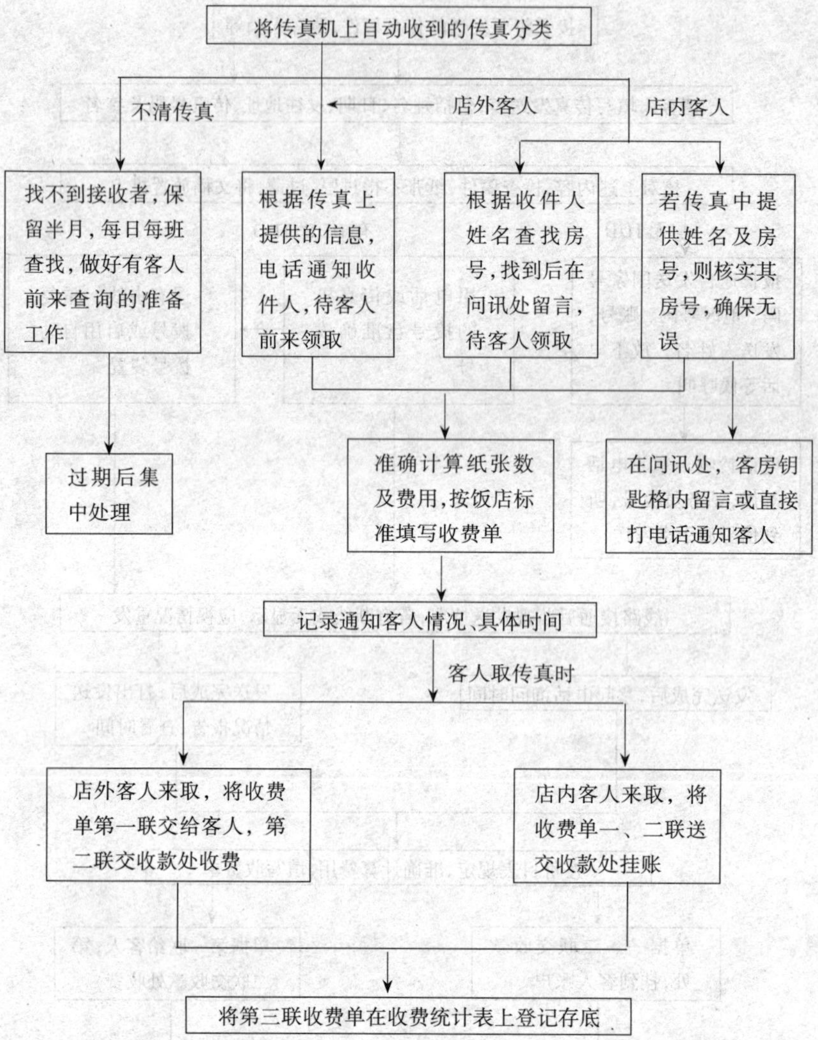


**图 6－2　接收传真服务程序示意图**

④根据上述资料及饭店政策、确定收费标准，请饭店专职翻译进行翻译，服务员应预收全部或部分费用。

⑤如果饭店没有专职翻译，根据饭店事先留下的兼职翻译档案库找出适当人选的电话号码，然后请客人与译者联系费用标准，或者饭店根据以前的收费情况确定一个合理价格告诉双方，必要时饭店可以提取一些手续费及代扣译者稿费的所得税。

⑥译者翻译好后送商务中心或由饭店派人去取稿件。然后由客人直接向译者付费，或者先付给饭店，由饭店付给译者。

⑦如果客人对译稿不满意，可请译者修改或与客人协商解决方法。

⑧如果客人要求签单，其手续同传真、复印、电脑文字处理付款时客人要求签单的情况。

⑨客人离开前应表示感谢，向客人道别，欢迎客人再度光临。

(2)口译服务程序。口译服务的受理与付费程序与笔译服务基本相同,只不过收费标准是每天或每小时若干元,而不像笔译那样按每千字若干元收费。

7. 出租笔记本电脑、U盘服务程序

(1)插上电源插头后开机,检查机器是否完好,请客人填写租用单并预收现金。

(2)从客人开始使用起记录时间。

(3)客人使用完毕后按所用的时间计费,并请客人签单或向客人收取现金。

(4)检查机器、设备是否完好如初,然后关机,拔下插头。

(5)在登记本上进行登记。

(6)向客人道谢并道别。

8. 洽谈室出租服务程序

(1)高星级饭店在商务中心附近应备有专门的洽谈室,供客人洽谈商务使用。同时应准备齐全的商务检索资料供客人检索。

(2)客人要租用洽谈室,应请客人填写一式三份的租用登记表,请客人签名并写上房号,第一联先给总台再转回商务中心存档,第二联交收款处,第三联交客房中心或楼层服务台。

(3)在洽谈开始1小时前应检查洽谈室卫生,如不合格应立即通知客房中心或公共区域组清扫,以保证客人有干净、舒适的洽谈场所。

(4)按客人要求布置洽谈场所并提供洽谈中的服务(如备纸、笔,送茶水等)。

(5)洽谈结束后应立即通知客房中心打扫,为下一次出租做好准备工作。

(6)按饭店规定的收费标准向客人收取现金或请客人签单或用其他方式向客人收取费用。

9. 特快邮递服务程序

(1)客人靠近柜台时应向客人问好。

(2)客人要求寄特快邮件,应主动向客人提供服务。

(3)要主动告诉客人使用特快专用信封及国内外特快邮递邮资标准,如果客人没有专用信封,应主动给予帮助。

(4)请客人仔细清点所寄信件的数量,然后在国内或国际详情单上写好邮寄物的名称、寄件人与收件人的地址、国名、地区、姓名、电话号码等,以方便邮件的准时到达及日后检查、查询。

(5)邮寄国际特快的,必须请客人亲笔用中文在信封上注明到达国家的名称,服务员不得代劳。

(6)问询员应用天平仔细称重,并按邮局的邮资标准合理收费,收费时要唱收、唱付。

(7)如果邮件过重,无法使用天平称重的,要及时向客人收取押金。

(8)接到特快邮递业务后,应立即通知速递公司来人取件,并要求速递公司收件人员在签收簿上签名,速递公司用传真发来的详情单要妥善保存。

(9)如果速递公司休假,要及时通知行李处寄发。

(10)邮件发出后,应及时与客人联系,费用多退少补,以免影响客人的行程。

(11)向客人道别并欢迎客人再次光临。

## 第二节 总机服务

电话总机是饭店内外信息沟通联络的通信枢纽，每日需处理成千上万个电话业务，且绝大多数客人对饭店的第一印象，是在与话务员的第一次接触中形成的。这种接触所具有的特点，是热情、快捷、高效的对客服务只能通过悦耳的嗓音表现出来。因此，总机服务越来越受到饭店决策层的重视。

### 一、总机房设备及环境要求

1. 总机房的设备

(1)电话交换机。交换机种类、型号的选用因饭店而异。大多采用数字程控电话交换机(PABX)，它具有自动显示通话线路、号码、所处状态、自动设置叫醒、同时接通数个分机等多种功能。

(2)话务台。话务台是供话务员操作的台面。为避免话务员间的相互影响(音量)，在设计时应考虑将各话务台之间隔开并配有玻璃镜，以使话务员能始终注意到自己的言谈举止，集中思维，在有限的空间提高对客服务的效率。

(3)问讯架。未使用电脑的饭店总机房，必须配备一台问讯架。其使用方法及功能与前台的问讯架相同，能根据住客的姓名，迅速查找出住客的房号及个人基本情况。

(4)长途电话自动计费机。

(5)传呼器发射台。

(6)自动打印机。

(7)定时钟。

(8)记事牌(白板)等。

2. 总机房的环境要求

总机房环境的优劣，直接影响着话务员对客服务的效率及质量。通常，总机房的环境应符合下列要求：

(1)便于与总台联系。在对客服务过程中，电话总机与总台有着极为密切的联系。因此，总机房的设立位置，应尽量靠近总台，同时必须具备必要的通信联络设备(如风管、电脑终端)。有些小型饭店的总机就直接安装在总台内，由接待员兼管。而大、中型饭店，因需要更多的外线和内线，就应配置专职的话务员操作交换机，并将其安置在临近总台的机房内。

(2)安静、保密。总机房需要有一个安静、保密的环境，以确保通话效率与质量。

(3)优雅、舒适。总机房的环境布置应优雅、舒适。房内应配有空调设备以保持恒温，并有足够的新鲜空气流动；配备舒适、轻松的旋转椅，为话务员搞好对客服务提供一个良好的客观条件。

(4)清洁、整齐。总机房内的各种办公用品应明确定位，各类表格、资料亦应归类存放整齐。

### 二、话务员的必备条件

一名优秀话务员必须具备的条件，可概括为个人素质和业务知识技能两方面。

1. 个人素质

话务员的个人素质,除具备前厅部员工共有的素质要求外(如修养良好、业务熟练、反应灵敏、热情周到、责任感强、协作性强等),还应具备一些特定的素质,如天生音质甜美、悦耳;吐字清晰、口齿伶俐;讲话速度及其音量控制适中;具备较强的记忆力(尤其对数字较敏感);严守话务机密;熟练掌握一至两门外语等。

2. 业务知识技能

话务员不仅应娴熟地掌握机房设备的功能及其操作方法,而且还应了解前台对客服务的知识和操作程序,并懂得处理电话业务的一些技能、技巧。

(1)礼貌规范用语不离口,不得与客人过于随便。

(2)铃声震响,立即应答,高效率地转接电话。

①若客人指明要找某人接电话,应协助寻找受话人,不应简单地接通某分机。

②若需客人等候,在接通期间,应不断地将进展情况通报客人;线路畅通后应先通知住客,再接通电话。

③若接通某分机有困难,应主动征求客人意见,是否同意转接到其他分机,或请其他人接听电话,不应擅自将电话转接到其他分机上。

(3)对于客人的留言内容,应做好记录,不可单凭电脑记忆。复述时,尤其应注意核对数字。

(4)应使用婉转的言辞建议客人,而不可使用命令式的语言。

(5)若接到拨错号或故意烦扰的电话,也应以礼相待。

(6)若对方讲话不清,应保持耐心,可用提示的方法来弄清问题,切不可急躁地追问或嘲笑模仿等。

(7)结束通话时,应主动向对方致谢,待对方挂断电话后,再切断线路。切勿因自己情绪不佳而影响对客服务的态度和质量。

(8)保持与客人进行积极的、有建设性的交谈。让对方从交谈中体会出优质的微笑服务。切忌独断专行、厚此薄彼等行为发生。

### 三、总机服务程序

通常,饭店总机所提供的服务项目主要包括:转接店内、店外电话;挂拨国际、国内长途;提供叫醒和呼叫找人、留言、查询等服务,以及遇有紧急情况协助饭店管理人员指挥协调等。

1. 转接店内、店外电话

为了能准确、快捷、有效地转接电话,话务员必须牢固掌握转接电话的技能,熟知交换机的性能及操作方法;同时,还应了解本饭店的组织结构、各部门的职责及业务范围;尽可能多地辨认住店客人、饭店管理人员及服务人员的姓名和嗓音。

在进行转接客房电话服务时,若通话者只知道住客姓名,话务员应查找问讯架或电脑,找到房号后接通电话;若通话者只告诉房号,话务员则必须根据饭店的具体规定,来判断能否直接接通房内电话。例如,在转接贵宾房电话时,应首先了解受话人的姓名,并核对问讯架或电脑中的相关信息,最好是取得住客的同意后再接通,这样做比较稳妥。有时,话务员会碰到查找不到受话人(姓名或房号)的麻烦,此时,应注意保持冷静,迅速仔细地核对查找,切勿急躁不安。

除此之外,话务员应掌握饭店内部各分机所处位置,以及管理人员的值班安排乃至去向,以提供部门电话转接服务。值得说明的是,转接任何电话,话务员都应一视同仁,优质服务。

2. 挂拨国际、国内长途电话

饭店所提供的长途电话服务,常分为三种:一是住客在房内直拨的国际长途(IDD)和国内长途(DDD);二是通过长途电话台挂拨的人工长途;三是由话务员为店外客人代为直拨的长途。为方便住店客人,饭店设计了电话服务指南及电话立卡(放于客房床头柜上)供客人查阅使用,大大减轻了话务员的工作量。但有时仍碰到客人电话询问某国家或某地区的代码,此时,话务员仍应耐心解答。另外,应注意随时为入住登记的客人开通长途,并于结账离店后及时关闭。若团体、会议客人须自理电话费用,则应将其打入相应分账单。

(1)国际人工长途电话服务操作程序:

①受理客人要求,核实其姓名、抵离店日期。

②问清并记录挂拨的国家、地区及电话号码。

③拨通国际长途台挂号,通报本机号码、分机号码(房间的电话号),以及所要挂拨国家、地区的电话号码和受话人姓名等;通报总机话务员代号并询问对方代号。

④电话挂通后,将电话转至房间;通话完毕,等待国际台话务员通报讲话时间。

⑤根据所报时间计算费用,开出电话收费通知单(正联送前台收款处,副联存根供统计),并请客人前往收款处付费,或挂账至客人账户。

国内人工长途的受理程序,基本相同于上述国际人工长途。但若要挂拨的是直辖市或大城市电话号码,则可不必挂机等候通话。

(2)受理受付电话与信用卡付费电话。

①受付电话(仅限于国外少数国家)服务操作程序:

a. 问清受话客人的姓名及电话号码,请来话客人挂机等候。

b. 拨通国际长途台,通报各有关号码,并讲明要话方式(受付),通报住客姓名、分机号,再互报话务员代号。将来话转至住客房间。不论通话与否,国际台都将自动通报受话情况。

c. 若未通话,总机只开具服务费收费单;若已通话,则加收通话费。

②信用卡付费电话服务操作程序:

a. 问清住客电话号码、信用卡种类及其号码,请客人挂机等候。

b. 与受付电话一样程序,拨通国际长途台,同时通报信用卡号码。

c. 将来话接通住客房间。此后程序同受付电话。

在总机长途电话服务过程中,难以控制的是长途费用的跑账、漏账,部分客人在结账离店后仍发生长途电话费用的问题。对此采取的有效措施是:话务员必须掌握当日预计离店客人的情况,并主动与大厅服务处、前台结账处密切联系,一旦客人结账离店,话务员应立即关闭该客房的长途电话,直至该客房重新出租给新的住客。如果该客人结账后仍需打长途电话,话务员可开启直拨功能,但须通知结账处、大厅服务处等有关环节,注意提醒客人补交电话费用。

3. 提供叫醒服务

叫醒服务(Wake-up Call 或 Morning call),是前厅部为客人提供的又一项重要服务,即由话务员利用电话或其他人员以人工叫醒方式,在客人要求的时间把客人叫醒。叫醒服务多数情况下在早上进行,但有时也在下午或其他时间进行;叫醒服务可以由客人向总机提出，也可以由客人向值台员、接待员提出，再由这些员工通知总机室。团体客人的叫醒要求可由导游员直接告诉总机室或通过接待员告诉总机室。

其服务程序如下：

(1)当客人要求叫醒服务时，总机接线员（话务员）应问清客人的房号和叫醒时间，并向客人复述一遍确认没有听错。

(2)将叫醒客人的房号及叫醒时间准确记录在笔记本上并签字，也可以记录在叫醒服务表上。

(3)将要叫醒的房号及叫醒时间输入电脑（此机应具有自动叫醒功能）。

(4)电脑叫醒过程中，接线员要注意机器的运行情况，看是否能准时叫醒客人，如有必要，话务员应适时插入叫醒服务用语；如电脑出了问题，应采用人工叫醒方式。

(5)人工叫醒方式是由话务员打电话到客房，向客人问好，告诉客人这是叫醒电话，并祝客人住店期间愉快。

(6)已叫醒过并且客人有应答的客房在叫醒控制表上勾去或划掉，无人应答的客房应用人工电话叫醒，如再无人应答，应通知客房服务员去叫醒。

(7)对应答含糊的客人，为防止其再次睡着，可以过3分钟再叫醒一次，并就此向客人表示歉意。

(8)特别注意个别客人在下午或晚上的叫醒要求。客人取消叫醒应登记并更改电脑资料，并在工作日志上说明。

4. 提供呼叫找人、留言服务

(1)呼叫找人服务。饭店所提供的呼叫找人服务，途径有三种，即：寻人牌找人、广播找人，及利用寻呼器发射台找人。

①寻人牌找人。话务员在问清被寻住客姓名、寻人方地点及电话号码后，应立即联系大厅服务处的传呼员（亦可由行李员兼任），提供寻人服务。传呼员将被寻住客姓名醒目地书写在寻人牌两面，然后举起此牌在饭店公共区域（如大厅、健身中心等）寻找。此时，传呼员应注意走路的节奏及寻人牌铃铛所发生的音量控制，否则，刺耳的声音、零乱的脚步声将引起周围客人的反感。找到住客后应立即与话务员联络。

②广播找人。话务员通过扩音器，可在饭店公共区域内广播找人。此时，话务员必须注意讲话的语音、语调，切不可引起客人的惊慌和不安。由于这种方式不具备面对面服务的特点，故此法已较少采用。

③寻呼器发射台找人。在高星级的大型饭店内，话务员亦负责管理寻呼器发射台，并利用其提供找人服务。为此，话务员应熟悉寻呼器携带者的呼叫号码，并了解他们的工作区域、安排及走向。若发生变化，则应及时将变更情况记录在记事牌上，供大家查看。部分饭店亦可将寻呼器出租给需要的住客（如商务客人、会务组人员等）使用，以方便这类客人。

无论采取上述哪一种呼叫找人的方式，话务员在提供服务时，均应作呼叫记录，内容主要包括：住客姓名、房号；寻人方姓名、电话号码、有无回音；话务员、传呼员姓名；备注及受理日期、时间等。

(2)留言服务。总机所提供的留言服务，其操作程序相同于问讯处所提供的留言服务。

5. 充当饭店临时指挥中心

电话总机除提供以上服务外，还有一项重要的职责，即在饭店出现紧急情况时，应成为饭店管理人员采取相应措施的指挥协调中心。

饭店的紧急情况,是指诸如发生火灾、虫灾、水灾、伤亡事故、恶性刑事案件等情况。遇有类似情况时,饭店领导为迅速控制局势,必然要借助于电话系统。故话务员应理所当然地提供高效率的服务,迅速按指令执行任务。具体做法如下:

(1)保持冷静,不惊慌。

(2)立即问清报告者情况发生的地点、时间,报告者姓名、身份,并迅速做好记录。

(3)即刻电话通报饭店有关领导和部门,并根据现场指挥人员的指令,迅速与市内有关部门(如消防、安全等)紧急联系。随后,话务员应相互通报、传递所发生的情况。

(4)严格执行现场管理人员的指令。

(5)坚守岗位,继续从事对客服务工作,并安抚客人,稳定情绪。

(6)详细记录紧急情况发生时的电话处理细节,以备事后检查和归类存档。

另外,话务员在日常对客服务过程中,除严格按照已定的操作程序提供各项服务外,还应特别注意其用语的规范性,不可随意应答。

总之,话务服务的规范用语,只有靠平时的点滴积累和有意识地训练,运用起来才能亲切、自然,切不可死记硬背搬弄教条。否则,会给客人留下不良印象,破坏饭店的整体形象。

**本章小结**

为满足客人的要求,现代饭店(尤其是商务型饭店)一般都设有商务中心,为客人提供各项服务,以方便客人从事商务活动。电话是饭店客人使用频率最高的通信设施,也是饭店内外信息沟通联络的通信枢纽,在对客服务过程中扮演着重要角色。因此,话务员的声音就代表着“饭店的形象”,要求话务员必须以热情的态度、礼貌的语言、甜美的发音、娴熟的技能,优质高效地为客人提供服务,使客人能够通过电话感觉到你的微笑,感觉到你的热情、礼貌和修养,甚至感觉到饭店的档次和管理水平。

**思考与练习**

1. 话务工作环境的布置应注意哪些要求?试举实例说明。

2. 话务员应具备的基本素质有哪些?应怎样加强日常的话务应答训练才最为有效?

3. 模拟训练各种情景下的话务服务规范用语,并达到自然、熟练的程序。

4. 叙述发送传真的服务程序。

# 第7章 前台结账

**学习重点**

- 客账管理及应收账款的处理
- 外币兑换及支票、信用卡服务程序
- 贵重物品的寄存与提取程序

前台结账处，亦称前台收款处，往往位于大厅显眼处，且与前厅部接待处、问讯处相邻。其隶属关系因饭店而异，通常，前台结账的业务归口于饭店财务部管辖，其他方面则由前厅部管理。

前台结账处的主要职责包括：

(1)处理宾客的账务；

(2)负责除饭店商场部以外各营业点的收款业务；

(3)办理外币兑换业务(受中国银行的委托)；

(4)办理客人离店结账手续；

(5)负责客人贵重物品的寄存与保管。

越来越多的饭店为客人提供一次性结账服务，为确保准确无误地结清客人逗留期间所发生的费用，并保证客人所有赊欠账款的回收，避免逃账、漏账，前台结账处应拥有一套完备的客账管理制度，并加强与饭店其他部门的配合，接受财务部的审核、监督。

## 第一节　客账管理

### 一、客账建立与核收

客人办理完入住登记手续后，前厅部接待员应迅速根据住宿登记表的有关内容，制作客人的账单，并连同登记表的一联送交前台结账处。

前台结账处接收到接待员开出的客人分户账单后，应认真检查。

1. 零星散客

(1)签收客人的账单。

(2)检查账单中的客人姓名、地址、房号、房租、抵离日期、付款方式及收款注意事项(备注)等，填写是否清楚、完整。

(3)核实付款方式。若付款方式栏内填写的是信用卡，应检查账单中是否附有压印好的信用卡签购单，然后，对照信用卡公司发送的“注销名单”(Black List)，审核信用卡签购单是否有效，若发现无效，应立即按信用卡有关规定处理。

(4)检查相关附件是否齐全，如住宿登记表、房租折扣审批表，或预付款单据等。

(5)将客人账单及其有关附件放入相应房号的账单夹内，再正确存入账单架中。

2. 团队客人

(1)签收团队总账单。

(2)检查团队总账单中的团队名称、团队编号、抵离日期、总计房租、付款方式等项目,确保正确、齐全。并核对团队接待通知单相关项目,若有不符,应查看是否附有更改通知单。

(3)建立团队客人的分账单,应注意避免与总账单重复记账,或漏记账目。

(4)将团队账单按团队编号放入相应的团队账夹内。

## 二、客账记账与结算

1. 客账累计

客人住店时间短,来得快、走得快,从开始入住至结账离店,一连串的消费行为在短时间内发生。这就要求饭店各营业部门,须尽快将每天发生的经客人签字后的账单(凭证)及时传递到前台结账处,以便随时累计客账,确保记账准确、走账迅速、结账清楚。正确累计客账的方法具体如下:

(1)客人住店期间所发生的费用,应借记该客人的分户账。例如:直拨长途电话费、餐饮费、洗衣费、电传费、传真费、健身娱乐费等。

(2)客人支付的订金、预付款、折扣、转记其他客人分户账,及应收账款账户的金额,应贷记客人的分户账。

(3)导致客人账户余额变动的交易类型,有现金交易、应收账交易、应付账交易,及现金支出交易四种。就其交易程序以图示法加以比较分析,如图7-1所示。

| 现金交易 | 应收账交易 | 应付账交易 | 现金支出交易 |
|---|---|---|---|
| ●客人的现金付款将减少客账的借方余额<br>●若是与前台结账处无关的消费,则不影响客账余额 | ●增加客账的借方余额<br>●饭店保持、累计记录,待客人将来付款 | ●减少客账的借方余额<br>●对于客人,可能是折扣、转账、饭店对客人的欠款 | ●饭店代客人付现金<br>●增加客账的借方余额<br>●饭店等待客人付款 |

**图7-1 四种交易程序比较分析**

(4)检查各营业点传递来的账单(凭证),注意是否有房号、住客姓名(使用正楷)和客人签字。

(5)将手续完备的账单(凭证)记入分户账内。其中,给住客的一联与分户账夹在一起,待结账时交给客人,另一联则分部门存放,交稽核组复核、检查。

总之,前台结账处应不断地累计客人所发生的消费金额,随时准备好准确无误的账单,截止结账时,任何费用均应累计入账,避免出现跑账、漏账而造成经济损失。

2. 客账结算

办理客人结账手续的步骤是:

(1)客人结账时,前台收款员应取出已核对过的客人分户账及客人的账单凭证,交客人过目。

(2)注意账页上是否附有其他提醒事项。

(3)将客人结账离店的信息通报客房中心、电话总机房,以便将客人刚消费过的账单及时送至前台结账,避免漏收、跑账。

(4)按不同结算方式结清账款后,贷记客人分户账,使得账单余额为“零”,且在账单、登记表上加盖“收讫”(Received)印章。

(5)若属转账,应请客人在其分户账上签字,再转入财务部应收账款上。

(6)开出离店单,在账单存根联上打上结账离店的时间。

(7)将印有“收讫”章的登记表及时递交接待处,以便迅速改变客房状况,以利再售。

(8)离店客人凭离店单到大厅服务处领取行李,迎宾员为其打开大门、车门,与客人告别,目送客人离去。

(9)前台收款员根据结清账款的账单编制相关表格。如收款员收入明细表、营业日报表、收款员收入日报表(见表7-1)及收款员缴款袋(见表7-2)等。

**表7-1　　××饭店收款员收入日报表**

部门:　　　　　　　　　　　　收款员:

日期:　　年　　月　　日　　班次　　自上/下午　　时至自上/下午　　时

| 收入部门 | 金额 | | 备注 | |
|---|---|---|---|---|
| | | | 账单号码 | |
| | | | | |
| 小计 | | | | |
| 内容分析 | | | | |
| 现金: | | | | |
| 人民币 | | | | |
| 信用卡: | | | | |
| VISA | | | | |
| MASTER | | | 支票号码 | 1. |
| AE | | | | 2. |
| 大来 | | | | 3. |
| 转账支票 | | | | 4. |
| 总台记账 | | | | 5. |
| 委托收款 | | | 其他 | |
| 坏账 | | | | |
| 小计 | | | | |
| 加:押金 | | | | |
| 加:本班长款(蓝) | | | | |
| 减:本班短款(红) | | | | |
| 合计 | | | | |

第一联结账组

领班:　　　　　　　　收款员:

表 7－2　　××饭店收款员缴款袋

收款日期：　　　　20　　年　　月　　日

收款员姓名：＿＿＿＿＿＿＿＿＿＿＿＿＿＿＿＿

营业部门：＿＿＿＿＿＿＿＿＿＿＿＿＿＿＿＿

值班时间：自上/下午　　时　　分至上/下午　　时　　分

一、本袋内装现金

| 人民币 | | |
|---|---|---|
| 100 元券 | | |
| 50 元券 | | |
| 10 元券 | | |
| 5 元券 | | |
| 2 元券 | | |
| 1 元券 | | |
| 5 角券 | | |
| 2 角券 | | |
| 1 角券 | | |
| 5 分券 | | |
| 2 分券 | | |
| 1 分券 | | |
| 1 元币 | | |
| 5 角币 | | |
| 1 角币 | | |
| 5 分币 | | |
| 2 分币 | | |
| 1 分币 | | |
| 小计 | | |

二、本袋内装其他票据

| | | | | | |
|---|---|---|---|---|---|
| 住店宾客记账 | | | 住店宾客记账 | | |
| 转账支票 | | | | | |
| | | | | | |
| | | | | | |
| | | | | | |
| | | | 大来卡 | | |
| | | | 长城卡 | | |
| 小　计 | | | 小　计 | | |
| 合计收入票据 | | | | | |
| 合计现金及票据 | | | | | |

| | | | | | |
|---|---|---|---|---|---|
| 人民币长款 | | | 人民币短款 | | |

内附：收款员日报表一份。

每班下班前，应将收款员收入日报表、现金及支票等交领班复核；无误后，再一起装入缴款袋封好，经签字后投入保险柜内，由次日总收款员取走；收款员收入日报表与收款员收入明细表的另外一联和账单第二联交夜间稽核员审核。

### 三、夜间审计与应收账款的处理

1. 夜间审计

前台结账处夜间审计的目的，是为了确保饭店营业收入数据的准确。其任务包括：在每天营业结束时，将房租和当天发生的费用累计入账，结出客人分户账的余额，检查当日账目的正确性，并编制营业日报表。其步骤为：

(1)将尚未过账的凭证费用，准确记入客人分户账。

(2)检查账单(凭证)的入账、填写是否准确。

(3)将每天的房费及服务费记入客人分户账内。

(4)复查结账离店的客人分户账收款是否正确、借贷是否平衡、转账有否入到财务部应收账款账户中等。

(5)核查饭店各营业点当天的报表数据是否正确。

(6)结算客账余额。

(7)根据住客分户账编制客账汇总表，列载每位住客分户账的昨日余额、本日借方发生额、本日贷方发生额及本日余额；各栏加总、各行加总并交叉核对其准确性。其计算公式为：

本日余额 = 昨日余额 + 本日借方发生额 - 本日贷方发生额

客账汇总表的关键在于：各栏的合计数必须与相关部门的账单(凭证)合计数相符。否则，夜审员应立即查找原因，直至所有合计数均已核实，消除差异，才可肯定当日发生的全部业务，已正确地记入住客分户账内。

(8)编制饭店营业日报表(见表7-3)。此表是全面反映整个饭店营业情况的业务报表。通常，营业日报表一式两份，一份于次日上午送至总经理办公室，以便让管理人员及时了解饭店营业情况，进行经营决策；另一份则与客账日报表、总账单等资料一同递交财务部，以作为核对各部门营业收入的依据。

**表7-3　××饭店营业日报表**

××年××月××日

| 营业部门 | 营业项目 | 本日收入 | | 本日累计收入 | | | 本日旅客人均花费 | |
|---|---|---|---|---|---|---|---|---|
| | | 计划数 | 实际数 | 全月计划 | 截至本日累计 | 完成计划% | 服务人次 | 人均花费 |
| 客房部 | 单间客房 | | | | | | | |
| | 套间客房 | | | | | | | |
| | 小　计 | | | | | | | |
| 餐饮部 | 中餐厅 | | | | | | | |
| | 西餐厅 | | | | | | | |
| | 咖啡厅 | | | | | | | |
| | 酒　吧 | | | | | | | |
| | 小　计 | | | | | | | |

续表

| 营业部门 | 营业项目 | 本日收入 | | 本日累计收入 | | | 本日旅客人均花费 | |
|---|---|---|---|---|---|---|---|---|
| | | 计划数 | 实际数 | 全月计划 | 截至本日累计 | 完成计划% | 服务人次 | 人均花费 |
| 商品部 | 百货柜 | | | | | | | |
| | 食品柜 | | | | | | | |
| | 工艺品柜 | | | | | | | |
| | 医药品柜 | | | | | | | |
| | 小　计 | | | | | | | |
| 服务部 | 理发室 | | | | | | | |
| | 洗涤部 | | | | | | | |
| | 健身部 | | | | | | | |
| | 桑拿浴 | | | | | | | |
| | 小　计 | | | | | | | |
| 其他 | 代办服务手续费 | | | | | | | |
| | 兑换外币手续费 | | | | | | | |
| | 小　计 | | | | | | | |
| | 合　计 | | | | | | | |

统计资料:房间总数____间,其中修理____间、空房____间、租出____间,本日客房出租率____%;本日折让额____元,占折让部分客房应收额____%;本日现金收入____元,占营业总额____%;本日外汇(人民币)收入____元,占营业总额____%。

2. 应收账款的处理

(1)建立有效的信用政策。饭店应制定有效的信用政策条文,以确保应收账款的正确回收。信用政策,包括信用标准和信用条件,即规定给予的信用限额和付款日期。信用限额,是指客人在一段时间内可赊欠的最高限额。对此,饭店应定期检查、评估,且应形成制度;对于付款日期,饭店可根据实际情况来确定,应考虑平均收账期及应收账款占用资金的数额等因素。同时,应与信用卡公司或银行签订信用卡合同,以得到他们的授权(可接受的信用卡种类、限额及使用方法)。另外,还应对申请信用的客户进行信用分析(主要包括:调查个人品质、付款能力、财产状况及环境条件等),以判断信用风险程度,从而决定是否接受客户的信用申请。

(2)掌握付款动态及采取必要的催款措施。饭店应建立一个反映付款动态的信息系统,以更好地开展信用业务。其中,使用“收款期”来检查饭店信用政策的效果,是较理想的方法之一。其计算公式为:

$$\text{应收账款平均收款期(天数)} = \frac{360\text{天}}{\text{应收账款周转率(次数)}}$$

$$\text{应收账款周转率(次数)} = \frac{\text{营业收入赊销净额}}{\text{平均应收账款余额}}$$

$$\text{年度平均应收账款余额} = \frac{1}{2} \times \left(\begin{matrix}\text{年初应收}\\\text{账款余额}\end{matrix} + \begin{matrix}\text{年终应收}\\\text{账款余额}\end{matrix}\right)$$

或 $= \frac{\text{四个季度平均应收账款余额}}{4}$

为了能及时收回饭店的应收账款，除拥有上述政策措施外，前台结账处还应注意下列几点：

①建立正确的客账，明确付款方式，准确累计客账，原始凭证（附件）完整。

②及时统计出在店客账、接近或已超过信用限额的客账，并采取电话、催款信（中、英文）等方式进行催收。

③健全收款程序，包括催账的办法、催款通知书的设计和寄发等。其方法是：

a. 将收到的应收账款、账单，按照国内、国外结算款分类，再按结算单归类存档。

b. 根据合同、协议书审核账单，并开出结算单（见表7－4）。

c. 分别按国内结算款、国外结算款做出本日欠款明细表，并编制记账凭据，登记相关账簿。

d. 收到账款后，根据相关凭证编制记账凭单，冲销应收账款。

e. 对超过付款期限的客户，应及时催款，可采取电话、当面、电传或书信等方式进行催款。

**表7－4　××饭店财务结算单**

付款单位名称＿＿＿＿＿＿＿＿＿＿

联系人或陪同人员姓名＿＿＿＿＿＿＿＿＿＿

团队名称或客人姓名＿＿＿＿＿＿＿＿＿＿　　年　月　日

| 项　目 | 人　数 | 用房数 | 金　额 | 备　注 |
|---|---|---|---|---|
| 房　租 | | | | |
| 餐　费 | | | | |
| 饮　料 | | | | |
| 场租费 | | | | |
| 电　话 | | | | |
| 洗　衣 | | | | |
| 交　通 | | | | |
| 其　他 | | | | |
| 人民币（大写） | | | | |

注：本单仅供结算用，收款时另有正式收据。

财务部（公章）　　　　经办人：

## 第二节　外币兑换业务

饭店为方便客人，受中国银行委托，根据国家外汇管理局公布的外汇牌价，代办外币兑换业务。

目前，中国银行除收兑外币现钞外，还办理旅行支票、信用卡等收兑业务。前台结账处员工应了解并掌握外币兑换的业务知识，接受这方面的技术、技能培训，以搞好外币兑换服务。

## 一、外币现钞

世界各国或地区发行的货币大致有150多种。欧元目前在我国境内能兑换的外币大约有14种，有时会略有增减，即：美元（USD），英镑（GBP），日元（JPY），澳大利亚元（AUD），加拿大元（CAD），瑞士法郎（CHF），新加坡元（SGD），马来西亚林吉特（MYR），泰国铢（THB），菲律宾比索（PHP），澳门元（MOP）和港币（HKD）；此外，台湾地区发行的新台币，可按内部牌价收兑。

饭店受中国银行委托，代办外币兑换业务。中国银行根据饭店业务量大小，相应拨给饭店定额周转金。饭店前台结账处兑换点每天定时将所收外钞、银行支票及相关外币兑换凭证，递交中国银行并换回等额的周转金（亦可由代兑饭店垫付后，再向银行办理结算）。

外币兑换服务程序如下：

（1）客人走近兑换台时，应礼貌地向客人问好。

（2）弄清客人的兑换要求。

（3）清点、唱收客人需兑换的外币种类及金额。

（4）使用货币识别机鉴别钞票真伪，并检查其是否属于现行可兑换的外币种类。

（5）填制水单，查清当日现钞牌价，将客人姓名、护照号码、外币名称、金额、兑换率及应兑金额填写在水单相应栏目内，并准确换算。

（6）请客人在水单上签名。

（7）检查复核，确保其正确（常由另外一名兑换员进行）。

（8）无误后，将兑换的款额付给客人。

（9）与客人道别。

## 二、旅行支票

旅行支票是一种有价证券、定额支票，亦称汇款凭证，通常由银行、旅行社为便利国内外旅游者而发行。旅游者在国外可按规定手续，向发行银行（或旅行社）的国内外分支机构、代理行或规定的兑换点，兑取现金或支付费用。

收兑旅行支票服务程序如下：

（1）弄清客人的兑换要求。

（2）检查、核对其支票是否属于可兑换之列，有无限制（区域、时间）。

（3）与客人核对、清点数额。

（4）请客人出示有效证件，并进行复签（应看着客人进行），检查复签是否与初签相符。

（5）查清当日牌价，填制水单，并扣除贴息，准确换算。

（6）请客人在水单上签名。客人若有疑问，兑换员应耐心解释。

（7）检查复核。

（8）核对无误后，将兑换款额支付给客人。

## 三、信用卡

信用卡是由银行或信用卡公司提供的一种供客人赊欠消费的信贷凭证，上面印有持卡人的姓名、号码、初签等。为方便旅游者，中国银行自1981年4月起，先后与一些代理行签订协议，代兑由他们发行的信用卡，目前可兑换的信用卡有：

美国运通公司的运通卡(American Express)
香港汇丰银行的东美卡(签证卡)(Visa Card)和万事达卡(Master Card)
香港南洋商业银行的发达卡(Federal Card)
香港麦加利银行的大来卡(Dinners Card)
日本东海银行的百万卡(Million Card)
日本JCB国际公司和三和银行的JCB卡(JCB Card)
我国自己发行的信用卡,如长城卡、牡丹卡、龙卡、金穗卡等。

信用卡收受程序:

(1)客人要用信用卡付账,首先应查看客人的信用卡是否是本饭店接受的,外国卡还须注意使用地区;使用国内长城卡等卡的客人,还须出示身份证。

(2)核对信用卡的号码及有效期,如果提早或过期,不可接受,如有疑问,可用电话与发卡公司联系。

(3)要注意信用卡公司列出的失效信用卡黑名单(Black List),防止客人用失效信用卡付账。对有疑问的信用卡应打电话至发卡公司查询。

(4)把账款总数填入特备的签账单合计栏内。

(5)收下客人信用卡,把号码清晰地用刷卡机印在签账单上,刷卡的日期要正确,签账单的最后一联也须非常清楚,如果必须再刷一次卡,须当着客人的面撕毁第一次刷好的签购单。此项工作也可在客人入住登记时完成。

(6)请客人在签购单上签名,必须仔细校对客人的签名是否与卡上的一致,并把签购单的一联交给客人。

(7)其余两联或三联签购单交财务部处理。

(8)把信用卡还给客人并向客人道谢、道别。

## 第三节 贵重物品的寄存与保管

### 一、贵重物品寄存与保管服务概述

饭店不但要为住客提供舒适的客房、美味的佳肴、热情周到的服务,还必须对住客的财产安全负责。为此,绝大多数饭店都设置了一定的场所、装置,为住客提供贵重物品寄存与保管服务。

客用安全保险柜(Safe deposit box)是饭店为住客免费提供贵重物品保管的一种专用设备,由一组小保险箱或保险盒组成。少数饭店则配有一个不可分隔的大保险柜(Large noncompartmentalied safe),采用以住客个人用纸袋寄存的方式来提供此项服务。有些豪华级饭店则在每间客房或套房内配备一小型保险箱(Inroom safe)供住客使用,以达到安全的目的。

客用安全保险柜一般安置在前台结账处,或临近的一间僻静房间内,由前台员工负责保管。

### 二、客用安全保险柜服务程序

(1)弄清客人寄存的要求。

(2)填写贵重物品寄存单(见表7-5),并向客人介绍其注意事项。

(3)根据客人需求选择相应规格的保险箱,并把箱号记录在寄存单箱号栏内。

(4)使用总钥匙及该箱钥匙打开保险箱门,取出存放盒,打开盒盖,由客人亲自将所寄存的物品存入盒内,盖上盒盖。

表 7－5　　　　贵重物品寄存单

(正面)

| Service Hour 07:30—23:00<br>Safety Deposit Box Services | | | 箱　号<br>Box No. |
|---|---|---|---|
| 房　号<br>RM No. | 姓　名<br>Name | 签 名 式 样<br>Specimen Signature | |
| | | | 日期 Date |
| | | | |
| 签名 Counter signed | 日期 Date | 签名 Counter signed | 日期 Date |
| | | | |
| | | | |
| 请阅背面说明。Please see conditions on reverse. | | | |

贵重物品寄存单　　　　(背面)

1. 遗失此钥匙,必须更换新锁者,须赔偿价款的半数金额。
2. 如退房离店时未能将此钥匙交回前台收款处,饭店有权自行开启并移出保存物品,不负任何责任。
3. 我认可已取走所有存放物品,以后与饭店无关。

1. If this Key is lost, we will not only replace a new key but a new lock, you will be charged half the cost. Please take good care of the key.
2. The hotel management reserves the right to open the box and remove contents, without liability, if key is not surrendered when guest departs from hotel.
3. I hereby acknowledge that all property stored in the safe box has been safely withdrawn therefrom, and liability of said Hotel therefore is released.

住客签名　Guest signature ____________

房号　RM No. ________　日期　Date ________

(5)将存放盒、寄存单第一联放入保险箱,锁上箱门,并轻轻拉放,确认是否已锁好,取下钥匙,经客人认可,将该箱钥匙和寄存单第二联呈交给客人,总钥匙则留前台结账处保管。

(6)告知客人,启用时须出示该箱钥匙和寄存单。

(7)填写客用安全保险柜使用登记簿,以备查。

(8)注意每开启一次,应请客人在寄存单相关栏内签名认可,表明已开启、开启过几次。

(9)客人终止存放时,前台结账处员工应收回该箱钥匙和寄存单,并请客人在终止栏内注明终止日期、姓名,以免出麻烦。

(10)在客用安全保险柜使用登记簿上,作终止记录(日期、经办人等)。

**本章小结**

结账业务一般由前台收银员负责。其主要职责包括处理宾客的账务,负责除饭店商场部以外各营业点的收款业务、办理外币兑换业务(受中国银行的委托)、办理客人离店结账手续、负责客人贵重物品的寄存与保管。因结账是客人离店前所接受的最后一项"服务",因此要求收银员必须熟练掌握业务技能,办理迅速,且准确性极高,以便给客人留下良好的最后印象。同时,饭店还必须对宾客的财产安全负责,因此,饭店应为客人设置寄存贵重物品的场所和设施,以供客人免费寄存贵重物品。

**思考与练习**

1. 为办理客人的离店结账手续,前台结账处员工应做哪些准备工作?结账时,应注意哪些细节?

2. 分析、比较客人的几种付款方式,并叙述其各自的优劣。

3. 实地参观某家星级饭店的外币兑换处,叙述出当日的外汇牌价及兑换服务应注意的细节。

4. 如何搞好客人贵重物品的寄存与保管?

# 第8章 前厅销售

☞ 学习重点

- 前厅销售内容及销售程序
- 前厅销售艺术与技巧
- 前厅统计分析报表制作

前厅部的首要功能是销售客房，而销售并非只是简单地“以合理的价格将某种东西转让出去”，而应积极参与调整饭店产品的结构，创造需求，尽最大努力销售饭店高档次的客房，提高平均房价，以实现饭店的经营目标。

## 第一节 前厅销售知识

### 一、前厅销售内容

1. 销售饭店的地理位置

饭店所处位置，是影响客人选择所住饭店的重要因素之一。它指饭店与机场、车站的距离，距旅游景点和商业中心的远近，周围的环境等。前厅部员工应充分利用现有的地理位置，进行积极推销。

2. 销售饭店的设施及有形产品

饭店齐全的设施、过硬的有形产品，是销售饭店产品的重要条件。为此，前厅部员工应娴熟掌握饭店所拥有的设施、有形产品及其特色。例如：饭店的建筑规模、风格；不同种类的客房；别具特色的各类餐厅；各健身、娱乐活动场所及美味可口的菜肴等。

3. 销售饭店的形象

饭店形象是最有影响力的活广告。它包括饭店的历史、知名度、信誉、独特的经营作风及优质服务等诸多因素。前厅部员工不但应自觉维护饭店形象，而且应充分利用良好的饭店形象，灵活地开展推销工作。

4. 销售饭店的气氛

气氛是客人对饭店的一种感受。前厅部的主要机构均位于饭店最显眼的地段，是留给客人第一印象和最后印象的所在地，故其气氛尤显重要。前厅部员工除应注重本部的气氛外，还应努力销售饭店其他独具影响的气氛。例如：古色古香的中国民族风格的饭店建筑，配以不同格调、不同档次的艺术品，加上与之相适应的传统民族服饰打扮，及错落有致的花卉布置，对外国客人将有特殊的吸引力。

5. 销售饭店的服务及无形产品

销售服务是销售饭店产品中最为重要的部分。在对客服务过程中，人是最积极、最活跃的因素。为此，应努力提高员工的服务意识、服务知识和技能等。

总之，前厅部每位员工应了解并掌握上述销售内容，按照一定的销售程序，尽心尽力地最大限度地销售饭店的产品。

## 二、前厅销售程序

前厅销售可划分为：把握特点、介绍产品、洽谈价格、展示客房、促成交易五个程序段。

1. 把握特点

前厅部员工应了解饭店的客源市场、营销策略，重点掌握饭店所寻求的客源种类及其需求，充分利用已建立起来的客史档案资料，把握客人的特点，采取针对性、个性化的销售方法。

例如，商务旅游者的特点是：时间安排很紧，但往返饭店的可能性极大；经常使用饭店的设施、设备；讲究饭店对其服务的速度、效率等。前厅部员工应针对其特点，向他们推销饭店已完善的设施和环境幽静、便于会客、通信设备良好、价格较高的商务房。而度假旅游者的特点则不相同，故应向其推销景色宜人、宽敞雅致的客房。另外，应向知名人士、新婚夫妇、高薪阶层推荐套房；向携带孩子的父母推销相连房；向年老的客人推销靠近电梯，且低楼层的房间等。

为此，前厅部员工应注意加强日常的观察，点滴积累，把握各种类型客人的特点，以进行积极、有效的销售。

2. 介绍产品

把握客人的特点后，前厅部员工应尽快向客人介绍饭店的产品。此时，应注意察言观色，并生动描述产品的优点、能够给予客人的便利条件，以及各种附加的心理方面的满足。而不应只作简单平淡的介绍。例如：套房强调有气派，便于社交、会客、商务接待；朝向花园的客房强调其清静，给人以惬意的感受；临近电梯的客房则说明其进出方便等。

3. 洽谈价格

前厅部员工应对产品独到的特点给予适当的形容和强调，努力使客人承认饭店所销售产品的价值。例如：在洽谈客房价格前，首先应确切把握客人的消费心理，进而对产品冠以相应的形容词，强调对住客本身的好处。总之，洽谈价格时，前厅部员工应特别强调产品的价值，并解答客人最希望了解的关键问题；最重要的是不可进行硬性推销，不能急于报价、定价。有关洽谈价格的技巧，将在第二节中详细介绍。

4. 展示产品

总台必须备有饭店产品宣传册及广告宣传资料、图片，并将它们陈列或布置在大厅醒目处，供客人仔细观看、选择，以促进销售；必要时，还可将饭店的产品展示给客人。例如，可在客人愿意的情况下，带领客人实地参观几种不同类型的房间，由高档逐步向低档展示，再伴以前厅部员工的热情、礼貌、信心及促销语言，客人大都会做出合理、明智的选择。

5. 促成交易

通过上述积极的销售，在察觉到客人对所推销的产品感兴趣时，前厅部员工应倍加努力，促成客人做出最终选择。交易达成后前厅部员工应真诚地对客人的选择表示谢意，并尽量缩短客人等候或办理手续的时间，让客人尽快进入房间，或享用饭店的其他产品。

## 第二节 前厅销售技巧

### 一、尽快熟记客人的姓名

在销售过程中，用姓名称呼客人，表示与客人相互熟识，给人以宾至如归之感。对客人的名字，可采取形象记忆法，通过面部特征等强化记忆。

### 二、注意聆听、及时释疑

前厅部员工应掌握听的艺术，通过听，可以得到比较准确的信息（如愿望、要求等）。深知言谈中的“潜台词”即“言下之意”。在与客交流过程中容易形成受欢迎的形象，如由此及彼、将心比心、设身处地为他人着想的思路等。另外，通过听，也可以全面掌握对方的意思和要求，对于不明之处、误会之处或疑虑之处，进行及时解释或解答，有利于销售。

### 三、态度诚恳、和蔼

在客人谈话过程中不要打断其思路，同时，不要坐立不安（如看手表、眼观他方）、烦躁或激动等，更不应妄加评论，此时，前厅部员工应懂得耐心聆听客人的谈话；与对方交谈时，也应注意言谈中的停顿（如微笑、点点头）。适当的停顿会激励对方畅所欲言，并增加彼此间的感情交流。切忌在客人面前为销售而销售，引起客人的疑虑。

### 四、坚持采用正面用语

在整个销售言语中，应避免使用“我不知道”、“让我查一查”、“不走运”、“只剩下”等类的词语，谁会购买别人挑剩下的产品呢。因此，最好采用正面用语，并称赞对方的选择。即使是选择了便宜的一间客房，亦应称赞“您的选择是明智的、正确的”。

### 五、提供可供选择的机会

无论在房价还是餐饮价格方面，均应给客人提供可供选择的价格范围，若只推荐一种客房，报出一种房价，客人就会失去比较的机会。因此，前厅部员工应根据客人的需求，向其推荐两三种不同的价格，供客人进行选择。通常，应坚持由高到低的报价方法，这样能使多数客人选择前几种价格较高的客房，至少在客人有可能选择最低价格的情况下使其选择中间价格。

另外，在报价过程中，最好使用“三明治式”的报价法，即将客人所能得到的利益和好处包裹在价格中间，从而减轻价格的分量，在心理上更易被客人所接受。应尽量避免运用“冲击式”报价法和“鱼尾式”报价法。

### 六、推销附加服务

针对客人的心理和需求，结合当时的时间与场合，提供附加服务，不但使客人感到方便、满意，而且还能促进消费，增加饭店各营业点的收入。例如：对白天入住的客人，应向其介绍康乐中心的服务项目，如美容、美发厅及桑拿浴等设施；对夜间住店的客人，应向其推荐房内用膳服务；对经过通宵旅行、凌晨抵店的客人，应向其介绍饭店的洗烫服务；对进餐者则推销本店餐厅的风味特色、风土文化及其服务等。

### 七、多提建议，争取每一位客人

购买产品时，客人出现犹豫、计较现象是完全正常的，前厅部员工对此应给予更多的关注与耐心，主动解释，并根据客人的个性特点，提供积极的、有价值的针对性建议。例如：对较挑剔的客人选择房间时,可让其实地参观、身临其境;对性格内向、不善言辞的客人,应耐心介绍,提供多种宣传资料及信息,以帮助其决策;而对于有主见的客人则应让其自己考虑后再作决定,否则,任何不耐烦的神态或催促语言,都将导致销售的失败。

下面,介绍两种极为有效的"建议购买"客房销售技巧。

1. 由高及低法

此方法又称高码讨价法。它是指向客人推销适合其地位的最高价格的客房。部分客人可能会拒绝饭店的推荐,此时,前厅部员工应紧跟着推荐价格低一档次的客房,并同时介绍其特色等。如此,逐一降低客房价格档次,直至客人作出选择。这种相互作用的方法,使客人在心理上感觉到他们拒绝了最高价格的客房,而选择了中档价格的客房是合理的、明智的。由高及低法,尤其适合于向未经预订而直接抵店的客人推销客房。这种方法不但能使大部分客人最终选择中、高档次的客房,而且还可吸引更多的客人提前预订客房,以利销售。

2. 由低及高法

此方法,又称利益引诱法。恰好与高码讨价法相反。它是指在客人已经接受了较廉价客房的基础上,前厅部员工通过推销饭店的气氛、附加服务,并解释只需在原收费标准之上稍微提高一点,便能得到许多好处。在这种利益的诱惑下,客人会不知不觉地顺从并接受,推销也就由此而获得成功。必须注意的是,千万不可给客人造成硬性推销的印象,更不可欺骗客人,"诚"才可招天下客,饭店客房的推销也是一样。

## 第三节　前厅的统计分析报表

前厅部除提供优质的对客服务外,还应将所获得的信息、数据等,有目的、有秩序地分类填入已精心设计好的统计分析报表内,将每天的客房经营状况准确、综合、详尽地反映出来,以使饭店管理人员能正确了解和评价饭店的经营状况,并能不失时机地采取相应的经营决策;同时,前厅部统计分析报表中的情况和数据,也为饭店其他各部门提供了重要的信息,从而可使这些部门更加合理地安排和调整本部门的工作,并可以此信息为依据,制作相应的报表等。另外,将前厅部统计分析报表的内容与本月指标及上年或历年的同期经营状况进行比较,更能促进管理人员把握经营活动的发展趋势,以使未来的经营决策更具可行性、科学性。

### 一、客房营业日报表

该表主要是从当天所出租的客房数量、所接待的客人人数,以及所应获得的客房营业收入这三方面,对饭店客房日销售状况进行归类、总结。客房营业日报表的设计格式因饭店而异,此表大都由接待处的夜班接待员负责制作(见表8-1)。

1. 营业日报表编制的方法与步骤

(1)根据客房状况显示架中的卡条,以楼层为单位统计出当日出租客房数、在店客人数,及客房营业收入。

①所出租的客房数、住店的零星散客人数及其用房数、零星散客的用房营业收入;

②免费房、内宾用房、待修房、空房以及职工用房的数量;

③在店团体的用房数、住店团队人数及其用房营业收入。

**表 8－1　　　　客房营业日报表**

年　　月　　日

| 楼层 | 固定客房数 | | | | | | | | 客房收入 | 住店客人数 | | | | | | 项目 | 房间数 | 人数 |
|---|---|---|---|---|---|---|---|---|---|---|---|---|---|---|---|---|---|---|
| | 出租客房 | | | | 空房 | 待修房 | 职工用房 | 小计 | | 零星 | | 团队 | | 内宾 | 小计 | | | |
| | 零星 | 团队 | 内宾 | 免费 | | | | | | 外 | 华 | 外 | 华 | | | 种类 | | |
| 1 | | | | | | | | 15 | | | | | | | | 昨日在店 | | |
| 2 | | | | | | | | 16 | | | | | | | | 今日离店 | | |
| 3 | | | | | | | | 16 | | | | | | | | 今日抵店 | | |
| 4 | | | | | | | | 15 | | | | | | | | 今日总数 | | |
| 5 | | | | | | | | 15 | | | | | | | | 空　房 | | |
| 6 | | | | | | | | 15 | | | | | | | | 待修房 | | |
| 7 | | | | | | | | 15 | | | | | | | | 职工用房 | | |
| 8 | | | | | | | | 10 | | | | | | | | 总客房数 | | |
| 合计 | | | | | | | | | | | | | | | | | | |

| 出租套间 | 套间人 | | | | 种类 | 房间数 | 人数 | 实际可用房数 | |
|---|---|---|---|---|---|---|---|---|---|
| | | 团队收入 | ¥ | | 种类 | 房间数 | 人数 | 实际可用房数 | |
| | | 房租变更 | + | ¥ | 预订客房 | | | 出租率 | % |
| | | | － | ¥ | 明日抵店 | | | 团队用房率 | % |
| | | 客房总收入 | ¥ | | 明日离店 | | | 平均房价 | |
| | | 其中外宾收入 | ¥ | | 明日出租率 | | % | FIT | |

送：

总经理室________　　财务部________

副经理室________　　值班经理________

前厅部________　　制表人________　　复核人________

(2)根据离店客人的资料和抵店客人名单，分别进行统计，汇总出当日出租客房数和在店客人人数。其计算方法为：

① 当日出租客房数 = 昨日出租客房数 － 当日离店客人用房数 ＋ 当日抵店客人用房数

② 当日在店客人人数 = 昨日在店客人人数 － 当日离店客人人数 ＋ 当日抵店客人人数

(3)检查核对当天的客房营业收入。其中包括：

①核对零星散客的租金收入；

②核对团队的租金收入；

③核对当日房价变更的统计结果。

对此，最好与财务部夜审人员统计出来的数据及结果进行核对，以确保准确无误。

(4)计算出当日的客房出租率和实际平均房价。为更详尽地反映出具体的数据，有些饭店还要求分别统计出团队用房率，以及散客的平均房价。其计算公式为：

$$①客房出租率=\frac{已出租的客房数}{饭店可供出租的客房总数}\times 100\%$$

$$②团队用房率=\frac{团队用房数}{已出租的客房数}\times 100\%$$

$$③实际平均房价=\frac{客房营业收入}{已出租的客房数}$$

$$④散客平均房价=\frac{散客用房的租金收入}{散客用房数}$$

另外,根据订房资料和客房状况显示架中的资料,统计出明日抵店客人的用房数,及明日离店客人的退房数,可计算出明日预计出租的客房数和明日客房出租率。

2. 常见附表

为了更详尽地说明客房营业日报表中某一方面的具体情况,在运转过程中,就应完善相应的附表,前厅部员工应进行认真、仔细地统计、汇总。

(1)免费客人一览表。该表用以统计当天在店的免费客人基本情况,内容包括:房号、姓名、人数、接待单位、抵离日期、享受免费的原因及批准人等。

(2)房租折扣一览表。该表汇总在店享受房租折扣客人的具体情况,内容包括:房号、姓名、人数、抵离日期、折扣率、实收房租、享受折扣的原因及批准人等。

(3)在店团队/会议统计表。该表汇总在店团体的用房数、客人人数及租金收入等。

(4)预订但未抵店客人一览表。该表根据次日抵店客人一览表及订房资料,详细列出此类客人的姓名、预订的客房种类、用房数量、抵离日期及接待单位等。

(5)未经预订而直接抵店客人一览表。该表汇总出当日此类客人的姓名、客房种类、房租、离店日期及接待单位等。

(6)取消预订客人一览表。该表根据客人的订房资料,列出取消预订客人的姓名、预订的客房种类、用房数量、原定的抵离店日期、接待单位和取消预订原因等。

(7)待修房报告。该表汇总饭店目前处于待修状态的客房状况,内容包括:房号、待修原因、维修起止时间等。

(8)预计离店客人一览表。该表根据客房状况显示架反映的资料,汇总出明日预期离店客人的情况,包括:房号、姓名、人数及离店时间等项目。

**表8-2　　客房营业分析对照表**

______年______月______日

| 项目 | | 今日 | | | 本月累计 | | | | | 本年累计 | | | | |
|---|---|---|---|---|---|---|---|---|---|---|---|---|---|---|
| | | 预计 | 实际 | | 预计 | 实际 | | 去年同期 | | 预计 | 实际 | | 超额 | 完成全年计划 |
| 出租率 | | | | | | | | | | | | | | |
| 团队用房数 | | | | | | | | | | | | | | |
| 客房收入 | 总数 | | | 百分比 | | | 百分比 | | 百分比 | | | 百分比 | | |
| | 零星 | | | | | | | | | | | | | |
| | 团队 | | | | | | | | | | | | | |
| | 内宾 | | | | | | | | | | | | | |

续表

| 项目 | | 今日 | | | 本月累计 | | | | | 本年累计 | | | | |
|---|---|---|---|---|---|---|---|---|---|---|---|---|---|---|
| | | 预计 | 实际 | | 预计 | 实际 | | 去年同期 | | 预计 | 实际 | | 超额 | 完成全年计划 |
| 租出客房 | 总数 | | | 百分比 | | | 百分比 | | 百分比 | | | 百分比 | | |
| | 零星 | | | | | | | | | | | | | |
| | 团队 | | | | | | | | | | | | | |
| | 内宾 | | | | | | | | | | | | | |
| | 免费 | | | | | | | | | | | | | |
| 住店人数 | 总数 | | | 百分比 | | | 百分比 | | 百分比 | | | 百分比 | | |
| | 零星 | | | | | | | | | | | | | |
| | 团队 | | | | | | | | | | | | | |
| | 内宾 | | | | | | | | | | | | | |
| 住店人数 | | | | | | | | | | | | | | |
| 平均房价 | | | | | | | | | | | | | | |
| 零星平均房价 | | | | | | | | | | | | | | |
| 团队平均房价 | | | | | | | | | | | | | | |
| 内宾平均房价 | | | | | | | | | | | | | | |
| 双人用房率 | | | | | | | | | | | | | | |
| 平均逗留天数 | | | | | | | | | | | | | | |

送：总经理、副总经理、公关营销部、前厅部留存。

## 二、客房营业分析对照表

饭店当日的客房营业情况究竟如何，除通过客房营业日报表及其附表全面、深入地反映外，还应将其数据与预期的情况、本月完成月度计划的情况，及去年同期的情况进行比较、分析。这样才能更直观、更详细地反映出客房的营业状况。

通常，客房营业分析对照表（见表8－2）中须分析、对照的项目包括：已出租的客房数量、接待的客人人数、获得的客房营业收入、客房出租率、平均房价（可细分为零星散客、团队及内宾的平均房价）、双人用房率和平均逗留天数等数据，以及与“今日累计”、“本月累计”和“本年累计”的对照、分析等。

表中可看出“今日”栏又细分为“预计”和“实际”两类。“预计”栏内的数据，来自饭店客房营业的年度销售预测指标；“实际”栏内的数据则摘自客房营业日报表的相关内容。相互对照、比较，即可显示出今日营业情况与饭店计划指标之间的差异。由此，可为饭店管理人员采取及时有效的控制措施提供强有力的数据。

该表中“本月累计”是指本月从一日起至今日的累计数或平均数，该栏目又细分为“预计”、“实际”和“去年同期”三类。其中，将“预计”与“实际”这两类数据进行对照、分析，可使管理人员一目了然地了解本月份的客房营业情况，是否在按计划指标如期进行着。“去年同期”栏内的数据，则为分析目前的经营状况提供了参考依据。

另外，表中“本年累计”，共包括四大类统计数据，即“预计”、“实际”、“超额”和“完成全年计划”。其中“顶计”栏内显示出本年度开始至今日客房营业预测指标的累计数或平均数;“实际”栏则反映本年度起至今日实际营业的累计数或平均数;“超额”栏显示实际成果是否超过或尚未达到指标的数量;最后一栏“完成全年计划”,则是反映本年度至今客房营业情况的累计数,及占全年度客房预测指标的百分比。上述数据、百分比,均为饭店管理人员进行完成年度计划指标的可行性分析、研究,提供了重要的、极富价值的依据。

**三、房价状况分析表**

该表主要用以分析当日客房销售所使用的各类房价的具体情况,供饭店管理人员作为制定和修改价格标准的参考依据。

**四、客源、预订情况分析表**

此表主要用于分析当日客源情况及预订客人抵店情况,供饭店管理人员了解并掌握饭店主要客源输送单位的预订,及实际用房情况和客源分布情况等,以提出相应的针对性销售策略,保证饭店在行业竞争中占有一定的市场份额。

**本章小结**

当今世界,饭店的市场状况已普遍从卖方市场转入买方市场,饭店开始越来越重视顾客需求,把顾客需求当作营销工作的出发点。前厅部需承担起饭店的销售工作,尤其是客房的销售将直接影响到饭店的经济效益。因此,前厅部应积极主动地推销饭店产品,绝不能被动地等客上门,特别是总台员工,一定要掌握总台销售艺术与技巧。总台是给客人留下第一印象的地方,客人对饭店的了解和产品质量的判断是从总台员工的仪容仪表和言谈举止开始的。因此总台员工必须面带微笑,以端正的站姿、热情的态度、礼貌的语言、快捷规范的服务接待每位客人。同时,前厅还须制作各种反映饭店经营管理状况的各类报表,以便于管理者进行管理决策,也便于部门间的信息沟通。

**思考与练习**

1. 何谓销售技巧?在实际推销饭店客房时,应如何运用有效的销售技巧?试举二例加以说明。

2. 在销售客房过程中应注意哪些细节?通过角色模拟(接待员与客人)加以叙述。

3. 前厅部为何须制作统计分析报表?怎样运用前厅的统计分析报表最为有效?试举例说明。

# 第9章 前厅的沟通与协调

**学习重点**

- 沟通协调的目的、原则、方法与程序
- 前厅部内部及与其他部门间的沟通与协调
- 宾客投诉的类型、处理原则及处理程序

饭店的对客服务是整体性的,须靠饭店每个部门、每个环节,以及每个员工的努力才能得以成功,让客人满意。其中作为饭店信息源和"神经中枢"的前厅部,其内外沟通和协调功能尤其显得重要。

## 第一节 沟通协调的基本原理与方法

### 一、沟通协调的目的

沟通协调的目的可归纳为五个方面:

(1)被人理解;

(2)理解对方;

(3)得到承认;

(4)获取信息;

(5)产生行动,共同努力完成任务。

### 二、沟通协调的原则

沟通协调的原则可概括为:

(1)实事求是。任何沟通协调工作都应从实际出发,实事求是,把协调工作控制在政策规定的范围之内,否则,就会出现偏差。

(2)着眼全局。即从饭店总体目标与全局利益出发。

(3)调动积极因素。通过沟通协调解决问题、挖掘潜力。

### 三、沟通协调的方法

饭店沟通、协调的方法多种多样,应视具体情况灵活运用。

1. 报表(Statistic report)、报告(Report)和备忘录(Memorandum)

前厅部内外沟通多采用报表、报告和备忘录方法。其中报表包括:设计制作各种营业统计报表、营业情况分析报表、内部运行表格等;报告则包括:按组织机构管理层次逐级呈交的季度、月度工作报告;备忘录是饭店上下级、部门间沟通、协调的一种有效形式,包括工作指示、请示、汇报、建议、批示等。

2. 日志、记事簿(Log book)

日志、记事簿是饭店对客服务过程中各班组间相互沟通、联系的纽带,主要用来记录本班组工作中发生的问题和尚未完成须下一班组继续处理的事宜等。前厅部各环节、各班组均须建立此制度,以确保信息渠道畅通及信息传递迅速有效。

3. 会议(Meeting)

举行各种类型的会议,是沟通、联络,及时传递信息、指令的有效方法。如由总经理或值班经理召集的各种指令会、协调会和各种例会(晨会);部门班组举行的班前、班后会等。不过,要开好会议,应注意会务工作,会务包括:会议预案(会名、议题、会期、出席人员、议程、会场布置等);材料准备(如总经理办公会、财务分析会等所涉及的资料收集);会议通知;会前检查(现场检查最佳);会间服务(发放会议有关材料、作好会议记录等),以及会后工作等。针对饭店内部的会议,尤其应重视会议期间的记录(简要记录、摘要记录、详细记录)。

4. 团体活动(Party)

多种形式的团体活动是消除误解、隔阂,加强沟通、交流的较理想的方法。饭店应定期、不定期地举办这类活动,如茶话会、联谊会、酒会、歌舞会、郊游等。

5. 计算机系统(Computer system)

随着计算机在饭店管理中的普遍运用,该系统已成为饭店沟通、协调和信息处理的一种重要手段。它能使沟通、协调更为迅速、有效。其中,包括饭店经营活动、运转管理中各类数据的收集统计、分析处理、传输、显示及储存等。常用的前厅部计算机软件有:客房预订系统,客房管理(登记、房态、查询)系统、账务系统和综合分析管理系统。

### 四、沟通协调的程序

(1)明确沟通协调的目的。

(2)选择沟通协调的对象与时机。掌握与谁(Who)沟通,什么时候(When)协调,在哪里(Where)进行沟通、协调,以及沟通、协调什么(What)。

(3)精心挑选沟通、协调的途径。认真思考怎样(How)进行沟通、协调效果最佳。

(4)评估。沟通、协调后的效果如何,应进行总结。

## 第二节　前厅部部际沟通协调

### 一、前厅部内部沟通协调

前厅部内部沟通协调,是指前厅部所属各环节间的相互沟通、协调。它包括客房预订、入住接待、问讯、前台收款、大厅服务,以及电话总机、商务中心等。它们既应按照本身对客服务的操作程序正常运行,又应密切配合,使沟通、协调良好、畅通,共同承担对客服务的任务。例如,预订处和接待处与前厅部其他各环节的沟通、协调,分别如图9-1和9-2所示。

总之,有效、畅通的内部沟通协调,尤其是前台三大环节的沟通、协调(如图9-3所示),有助于前厅部更好地发挥其首要功能——销售客房。

1. 接待处与预订处的沟通协调

接待处应每天将实际抵店、实际离店、提前离店、延期离店等客房数和临时取消客房数、预订但未抵店的客房数及换房数等信息,书面通知预订员,以便预订员及时根据上述数据修改预订总表,确保客房预订信息的准确性。同时,预订处也应每天将更改预订、延期抵店、取消预订及次日抵店等情况,以书面形式通知接待处,以最大限度地销售客房。

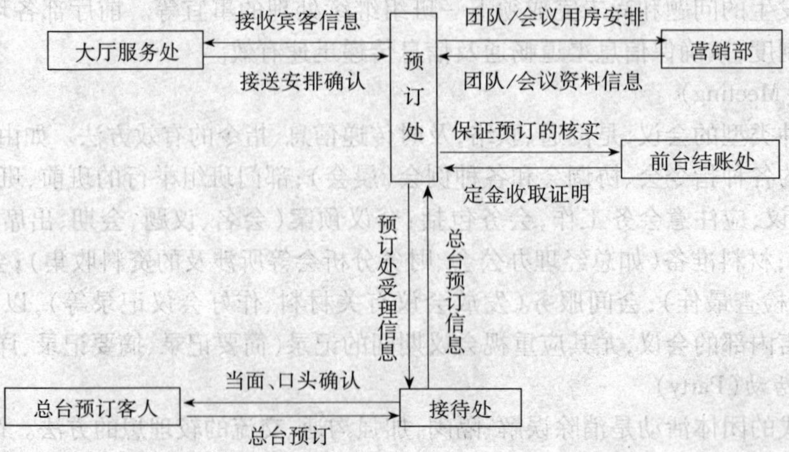


**图 9－1　预订处与其他相关部门的沟通、协调示意图**

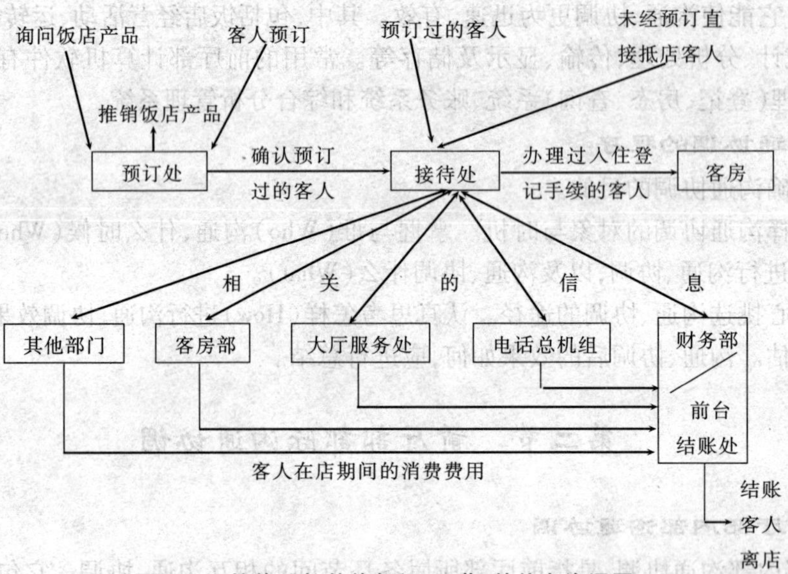


**图 9–2　接待处与其他部门(环节)的信息沟通图**

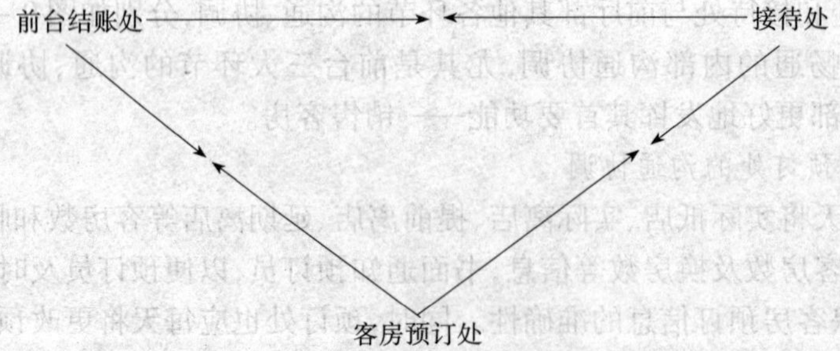


**图 9－3　前台三大环节沟通协调图**

2. 接待处、预订处与前台结账处的沟通协调

接待处应及时将办理过入住登记手续住客的账单交前台结账,以便结账处开立账户、累计客账。若住客换房,房价发生了变化,也应将此信息迅速书面通知结账处。同时,双方的夜班员工应就白天的客房营业收入进行细致、认真的核对,以确保正确反映营业情况。客人结账后,前台结账处应立即将此信息通知接待处,以便更改客房状况;通知客房部清扫、整理,以便再次出租销售客房。

而预订处与前台结账处之间,主要应就客人订金的收取问题,进行有效沟通,以确保对保证性订房客人的接待工作顺利进行。

## 二、前厅部与其他部门间的沟通协调

1. 前厅部与客房部的沟通协调

(1)前厅部应及时通报客人入住和结账离店情况。

(2)每天将必要的客情信息以书面形式通报客房部,递交一周客情预报表、贵宾接待通知单、次日抵店客人名单、团队会议接待单及预计离店客人名单、住店客人名单等表格。

(3)团队、会议客人抵店前,递交团队会议用房分配表,以对客房进行布置及控制。

(4)递交特殊要求通知单,以便客房部提前做好准备工作,以满足客人的要求。

(5)递交客房、房租变更一览表,以通知客房部有关用房的变动情况。

(6)递交客房状况报告、客房状况差异表等,以协调好客房销售(前厅部职责)与客房管理(客房部职责)的关系。

(7)应积极参与客房清扫、维修保养的检查。

(8)客房部应及时将在走客房内发现的住客遗失物品情况通知总台,以便进行处理。

(9)客房部应根据指令,派楼层服务员探视对叫醒无反应的客人。

(10)客房部应及时向总台通报客房的异常情况,如双锁客房、紧急维修、在外过夜等。

(11)客房部应安排楼层服务员协助大厅行李员搞好团队行李的运送、收集等服务。

(12)前厅部与客房部员工互相接受交叉培训。

2. 前厅部与营销部的沟通协调

(1)进行来年客房销售预测前,双方磋商并研究决定饭店团队、会议客人与散客的接待比例。

(2)讨论决定出现超额预订时,饭店所应采取的补救措施。

(3)总台以书面形式向营销部通报有关客情信息。如发送一周客情预报表,团队、会议用房分配表,次日抵店客人一览表等表格。

(4)营销部将已获准的各种订房合同副本,递交前厅部,以落实执行。

(5)营销部应将团队、会议客人的详细订房情况,以书面形式报送客房预订处,以预留客房。

(6)将团队、会议的用房变动情况及其日程安排情况通报总台,做出相应的变更及解答客人的询问,以便提供所需的服务。

3. 前厅部与餐饮部的沟通协调

(1)每天以书面形式发送报表,以通报客情信息。

(2)将订房客人用餐的特殊要求,及房内鲜花、水果篮布置的要求,以书面形式通知餐饮部,做好准备工作。

(3)掌握餐饮部各营业点的服务项目、服务特色及最新收费标准等。

(4)协助餐饮部进行促销。如获取宴会/会议活动安排表、解答客人的问讯、发放餐饮推销的宣传资料等。

4. 前厅部与财务部的沟通协调

(1)双方应就信用限额、预付款、超时房费收取,以及结账后再次发生费用等情况进行有效的沟通、协调。

(2)总台递交已制作的散客账单、登记表及影印好的信用卡签购单等,以便前台结账处开立客人账户、累计客账等。

(3)总台递交已制作的团队主账单,供前台结账处签收并累计客账。

(4)通报客情信息(抵店、离店),以便正确显示客房状况。

(5)有关住客更换房间的信息,尤其涉及房租变化时,以书面形式通报前台结账处,以便正确累计客账。

(6)双方就每天的客房营业情况进行细致核对,尽量做到准确无误。

5. 前厅部与总经理室的沟通协调

(1)及时向总经理室请示、汇报前厅部对客服务过程中发生的重大事件。

(2)转交有关邮件及留言单等。

(3)了解总经理的值班安排、去向。

(4)定期呈报饭店的客情预报表。

(5)递交贵宾接待规格审批表及房租折扣申报表等,供总经理审阅批准。

(6)通报每天的客情信息及客房营业情况。

(7)与营销部配合,草拟饭店的客房销售政策(如信用政策、免费/折扣政策、订金/预付款政策等),呈报总经理室批准,并就执行过程中存在的问题进行沟通协调。

6. 前厅部与其他部门的沟通协调

(1)与人事部、培训部沟通协调,开展前厅部新员工录用和上岗前的培训工作。

(2)与安全部、工程部沟通协调,处理客房钥匙遗失后的问题。

(3)及时向康乐部传递客人的健身娱乐要求,以满足客人的需求。

(4)了解各部门经理的值班安排与去向,以提供紧急呼叫服务。

(5)出现突发事件时的相互沟通协调。

## 第三节　宾客投诉处理

饭店应向客人提供针对性、个性化的优质服务,但也难免由于其硬件设施、服务项目设立及服务人员的态度、技能或对客服务的差错等,引起客人的不满,导致投诉。此时,对饭店而言,问题不在于客人有否投诉,而在于应如何处理好客人的投诉。

### 一、投诉处理的原则

受理及处理客人投诉,并非愉快之事,但对待投诉应持重视的态度,并将其看作是进饭店对客服务的契机。为此,处理客人投诉应遵循下列原则:

1. 真心诚意帮助客人

应设法理解投诉客人当时的心情,同情其所面临的困境,并给予应有的帮助,接待好客人。首先应表明自己的身份，让客人产生一种信赖感，相信受理人员能帮助他解决问题。

2. 绝不与客人争辩

无论前来投诉的客人情绪如何激动、态度如何不恭、言语如何粗鲁、举止如何无礼，接待人员都应冷静、耐心，绝对不可急于辩解或反驳，与客人争强斗胜。即使是不合理的投诉，也应做到有礼、有理、有节，既要尊重他们，不失客人的面子，又要做出恰如其分的处理。

3. 维护饭店应有的利益

处理投诉亦不可损害饭店的利益。尤其是对于一些复杂问题，切忌在真相不明之前，急于表态或当面贬低饭店及其他部门、员工。除客人物品、财产因饭店原因导致遗失或损失外，退款或减少收费等方法，绝不是处理投诉、解决问题的最佳方法，而应弄清事实，通过相关渠道了解其来龙去脉，在真相清楚后，再诚恳道歉并给予恰当处理。

**二、投诉的类型及其处理**

1. 有关设施、设备的投诉

此类投诉主要指：由于饭店的设施、设备不能正常运行，甚至损坏而给客人带来不便甚至伤害，引起客人的投诉。例如，饭店空调、音响系统失灵，照明、供水不正常，电梯的电脑控制失效，家具、地毯破损等。虽然各家饭店都建立了一整套的对各类设备的检查、维修、保养制度及操作程序，但这只能相对减少饭店设备潜在的毛病，而不能绝对消除毛病。为此，处理这类投诉时，前厅部员工应设身处地为客人着想，立即与工程部、安全部联系，实地察看，视具体情况采取积极有效的措施。同时，还应在问题解决后，再次打电话联络客人，确保其投诉得以真正完善的处理。

2. 有关饭店服务的投诉

此类投诉是指：因饭店服务效率低、出现差错，致使客人陷入困境而引起不满。如办理入住登记手续时间太长，转接电话太慢，叫醒服务不准时或令客人不愉快，排错客房，邮件、留言未能及时传递，客账累计出错，行李无人搬运等。处理此类投诉，应首先向客人道歉，并尽快采取措施进行补偿性服务，切勿当着客人训斥员工或部门。减少这类投诉的方法，是分析出产生投诉的原因所在，并加强对服务薄弱环节上职工的专业知识和操作技能、技巧的培训。

3. 有关服务态度的投诉

此类投诉主要包括：饭店服务人员对客服务过程中冷冰冰的态度，爱理不理的接待方式，无礼粗暴的语言，嘲笑戏弄的行为，过分的热情或不负责任的答复等。为减少此类投诉，常用的有效方法，是加强员工在对客关系及心理素质方面的培训，提高员工的职业道德水平。

4. 有关异常事件的投诉

此类投诉主要包括：因糟糕的天气而无法买到机票、车票，飞机延期起飞等引起客人的不满。这类问题，饭店难以控制，但客人却希望饭店能够帮助解决。对于此类投诉，前厅员工应在力所能及的范围内想方设法帮助。若实属无力办到，则应尽早向客人作出解释，以得到客人的谅解。

针对上述常见的客人投诉，饭店应对此进行定期分析、研究，寻找并确定出最易导致客人投诉的服务环节及其原因，详细列出并归纳总结；同时，还应主动征求客人的意见、建议，以减少投诉的发生，维护饭店的声誉。饭店常使用的方法是设计、使用征求客人意见表（见

表9－1)，将其存放在客房的服务夹内；亦可在办理入住登记手续，或办理离店手续时发给客人；亦可邮寄给客人，供宾客填写，然后定期收集，将客人反映出来的问题进行统计、分析、归类，有针对性地采取改进措施。与此同时，饭店也应注意感谢参与并填写征求意见表的客人。这对改善客人和饭店间的关系，以及提高征求意见的效率是颇有益处的。饭店常用的感谢方法，是向客人寄发一封由总经理亲自署名的感谢信或致歉信，以表达谢意或取得谅解(如图9－4)。

**表9－1　　征求意见表**

1. Did you receive efficient and courteous service from the following staff?

您是否受到了下列服务人员的亲切、礼貌、周到的服务？

| | Good 满意 | Needs Improvement 需改善 | Poor 不满意 |
|---|---|---|---|
| The Doorman 迎宾员 | □ | □ | □ |
| Bellboys 行李员 | □ | □ | □ |
| The Receptionists 开房员 | □ | □ | □ |
| Information Clerk 问讯员 | □ | □ | □ |
| Operators 总机 | □ | □ | □ |
| Assistant Managers 大堂经理 | □ | □ | □ |
| Cashiers 收款员 | □ | □ | □ |
| Staff of the Business Centre 商务中心服务员 | □ | □ | □ |
| …………… | | | |

2. Please give your impressions of our food and beverage service.

请您谈谈对我们餐饮服务的印象和意见。

| | Good 满意 | Needs Improvement 需改善 | Poor 不满意 |
|---|---|---|---|
| Food 食品 | □ | □ | □ |
| Beverage 饮料 | □ | □ | □ |
| Service 服务 | □ | □ | □ |
| Facilities 设施 | □ | □ | □ |
| …………… | | | |

3. What do you think of your room accommodation?

您对我店的客房设备和客房服务有何意见？

| | Good 满意 | Needs Improvement 需改善 | Poor 不满意 |
|---|---|---|---|

续表

Bedroom Furnishings 客房家具陈设 □ □ □
Bathroom Fittings & Supplies
卫生间设备和用品 □ □ □
Air Conditioning 空调 □ □ □
Laundry Service 洗衣服务 □ □ □
Room Cleaning 客房清扫 □ □ □
Room Attendants 客房服务员 □ □ □
……………

4. What do you think of our health recreation service and facilities?
您对我店的娱乐活动、康乐服务及设施有何意见?

| | Good 满意 | Needs Improvement 需改善 | Poor 不满意 |
|---|---|---|---|
| Beauty Salon 美容美发 | □ | □ | □ |
| Clinic 医务室 | □ | □ | □ |
| Gymnasium 健身房 | □ | □ | □ |
| Chess and Majiang Room 棋牌室 | □ | □ | □ |
| Snooker Room 台球室 | □ | □ | □ |
| Karaoke 卡拉 OK | □ | □ | □ |
| Ballroom 舞厅 | □ | □ | □ |

……………

5. Your opinion of our shop.
您对我店商品部有何意见?
……………

6. Why did you choose our hotel?
您为何选择住我店?
□Travel Agency 旅行社联系
□Company Arrangement 公司的安排
□Reputation 慕名而来
□Personal Recommendation 他人推荐
□Convention 会议
□Advertising 广告宣传
□Others 其他(Please Specify)
……………

If you have any other comments or suggestions, please let us know.
如您有别的意见和建议,请提出。
Name 姓名____________________
Room number 房号____________________
Date 日期____________________
Address 地址 ____________________ (Street 街) ____________________ (City 城市)
____________________ (State 州) ____________________ (Country 国家)

**DEAR GUEST**

We are delighted to welcome you to our hotel, and hope you are pleased with our facilities and services. If there is anything we can do to make your stay more pleasant, please let us know. We would be grateful if you would be so kind as to spend a few minutes of your time in completing this questionnaire so that you could help us to further upgrade the standards of our hotel service and facilities.

Please leave the questionnaire with the cashier or anyone at the front desk or you may put it into the OPINION BOX.

Thank you for choosing our hotel and we hope your stay with us has been a pleasant one. We look forward to welcoming you back.

**The Management**

亲爱的来宾:

欢迎您光临我店并望您对我店的设备和服务提出宝贵意见。在您逗留期间,我店乐于随时为您提供一切服务。为帮助我们不断改进服务和设施,请您在繁忙中抽空填好这份征求意见表,我们将非常感激。

请您将这份征求意见表交给前台任何一位服务员,或投入宾客评议箱。祝您住店愉快并希望您再次光临。

谨对您的光顾表示感谢。

总经理室

**图9－4　总经理署名的感谢信**

## 三、宾客投诉的处理程序

客人的投诉,部分是住店期间当面提出的(即口头投诉);也有些是离店后来函、来电进行的。下面,我们着重介绍当面口头投诉的处理程序:

(1)聆听。应认真、仔细地听完客人的投诉内容。

(2)保持冷静。

(3)表示同情。对客人的感受应给予理解,对客人的处境表示同情;同时,还应使用恰当的语言给客人以安慰。

(4)给予特别关心。使用姓名称呼客人,并告诉客人饭店将处理此事。千万不可采取怕麻烦或“大事化小”、“小事化了”的态度,而应尽快着手解决。

(5)不转移目标。无论当时多忙,都应将注意力集中到客人所投诉的问题上,不可随便走开或随意引申,更不可发牢骚以嫁祸他人或责怪饭店等。

(6)记录要点。将客人投诉的主要内容记录在备忘录上。这样做,不但能使客人的讲话速度放慢,以缓和其激动的情绪,而且还能让客人感觉到饭店对其投诉的重视程度。此外,记录的要点亦可作为今后解决问题的依据。

(7)把要采取的措施告诉客人。听完客人投诉的问题,应立即考虑并决定所需采取的解决办法,并将其告诉客人。若有可能,可让客人选择解决问题的方案或补救措施,以示尊重他们,但切忌只是一味地向客人道歉、请求谅解,而对客人投诉的具体内容置之不理,亦不可在客人面前流露出因权力有限而无能为力。

(8)将解决问题所需的时间告诉客人。应充分估计出处理该问题所需的时间,并将其告诉客人,绝不可含糊其辞、模棱两可,让客人捉摸不透,从而引起客人的抵触情绪,为解决问题增加难度。

(9)立即行动。应立刻着手调查,弄清事实,找出根源,并将解决问题的进展情况通知客人。

(10)检查落实。问题解决后,应与客人再次联系,征询客人意见,投诉的问题是否已得到圆满解决,做到善始善终。

(11)整理材料归类存档。将该投诉的处理过程整理出材料,并进行归类存档;同时,将其记入客人的客史档案,避免客人再次抵店时,又发生类似的投诉事件,真正将本次投诉事件变为改进服务的动力。

对于客人的来函、来电投诉,除应注意上述处理要点外,还应将调查结果、解决方法、争取客人谅解、表达歉意等内容写成信函并尽快邮寄给客人(信内最好有总经理的签名)。随后,复印客人的原始投诉资料,并将其存档或录入客史档案,以备后用。

**本章小结**

前厅部是饭店的信息枢纽和中心,是客人与饭店管理部门之间联系的纽带,在很大程度上控制和协调着整个饭店的经营活动。饭店对客服务是整体性的,并非靠某一部门、班组或某一个人的努力就可以获得成功,因此,各部门之间的工作联系、信息沟通、团结协作就显得尤为重要。各部门之间沟通的成功与失败,将直接影响到饭店运行与管理的成功与失败,影响到对客服务的质量。因此,前厅部各级管理人员应了解自己肩负的责任,要树立整体意识和团队精神,明确信息沟通的重要性。

**思考与练习**

1. 实地采访某家星级饭店前厅部管理人员(经理、主管),就下列问题写一份采访报告(以小组形式完成)。

(1)你为何选择采访这位管理人员?

(2)前厅部的内外沟通、协调有何难点?如何着手解决?效果如何?

(3)饭店前厅部常用的沟通、协调方法有哪些?哪一种最为有效?为什么?

(4)其沟通、协调不畅的原因表现在哪些方面的?怎样处理?

(5)你的收获是什么?

2. 你是一位前台当班员工,正在忙着将有关信息输入电脑,此时,一位非常焦急的客人来到你的面前,怒气冲冲地埋怨房内用膳服务太慢了,声称在一小时前他要求提供送餐服务,已点了几道菜,可他等到现在仍未见着!这位客人边说边敲着总台的柜台,你如何应付和处理此事?

3. 王定先生是一位以全价入住饭店的客人,可在他办理离店结账手续时却声称饭店房租太贵,客房内的设施、设备他均不喜欢,故提出投诉,并要求房租按七折收费,你应如何处理?

4. 饭店客房内的物品被客人随身带走,这是经常发生的事,当你确信某住客拿走了客房内比较贵重的电视遥控器,而该客人正在前台办理结账手续,你应用什么办法既能让客人退还饭店的遥控器,使饭店免受损失,又不至于使客人难堪而引起投诉?

# 附录一

## 常用商务书信书面语

（为便于理解和掌握，特与口语对照，以供参考）

| 书面语 | | 口语 | |
|---|---|---|---|
| 敬请光临 | 届时 | 请您来 | 到那时候 |
| 敬请惠顾 | 当即 | 请到我们饭店来 | 马上、立刻 |
| 恭候 | 一俟 | 恭敬地等候 | 一等到 |
| 恳请 | 鉴于 | 诚恳地邀请 | 考虑到 |
| 顷接 | 经…… | 刚刚接到 | 直接写信到…… |
| 顷悉 | 兹 | 刚刚知道 | 现在 |
| 获悉 | 兹因 | 知道 | 现在因为 |
| 欣闻 | 兹有 | 高兴地听到 | 现在有 |
| 欣悉 | 来函收悉 | 高兴地知道 | 来信收到了 |
| 面洽 | 惠函（书）收悉 | 当面洽商 | 您的信收到了 |
| 该团 | 特此函复 | 那个团 | 特地写信答复您 |
| 安抵 | 特此函告 | 安全抵达 | 特地写信告诉您 |
| 如期 | 谅已收悉 | 按预订的时间 | 想必已经收到了 |
| 迟复为歉 | 敬希为盼 | 复信晚了，很抱歉 | 极为盼望 |
| 尚希见谅 | 敬希为荷 | 还望多多原谅 | 极为感激 |
| 敬希谅察 | 均已就绪（办妥） | 希望您体察、理解 | 都已办好了 |
| 尚望涵容 | 随函附上 | 还望多多包涵 | 随信寄去 |
| 即请见告 | 尚望拨冗赐复 | 就请告诉我 | 还望百忙中抽空回音 |
| 敬希赐复 | 谨致谢意 | 请给回信 | 郑重地表示谢意 |

# 附录二

## 英文书信格式

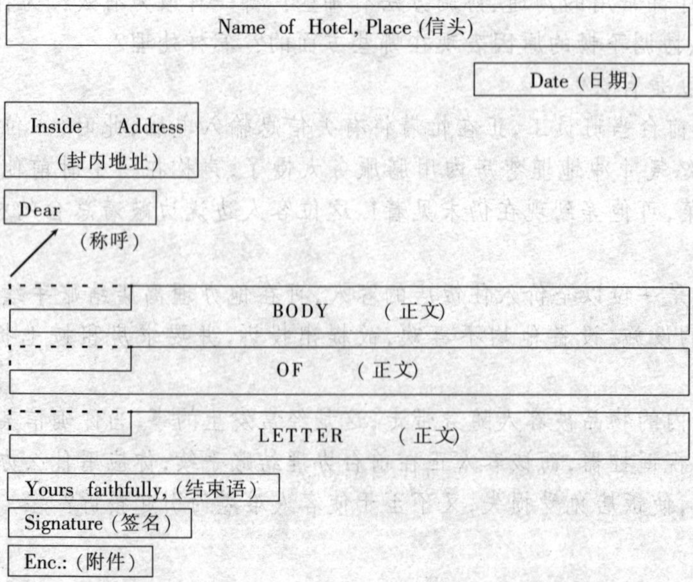

# 附录三

## 婉拒预订书信句型

1. ……没有能满足您的要求深表歉意,希望下次能有机会为您提供服务。

顺致崇高敬礼!

…We regret that we have been unable to be of service to you. However we hope to be in a position to accommodate you at a future date.

Yours Faithfully.

2. ……我们希望各种新的建议中有合您意的,恭候回复。

顺致崇高敬礼!

…We hope that one of these new offers will be acceptable and we are looking forward to receiving your reply.

Truly yours.

# 附录四

## 确认预订书信句型

1. 感谢您×月×日的来信……

Thanking you for your letter of(month,day)…

2. 我们很高兴向您确认下列安排……

We have pleasure in confirming the following arrangement…

3. 请允许我们提醒您……

We would like to bring to your attention the fact that…

4. 对于其他细节,您可参阅随信寄去的资料……

For all further details,please refer to the enclosed descriptive booklet…

# 附录五

## 中英文对照常用前厅服务与管理规范用语解释

· Adjoining room

相邻房。指相邻而不相通的客房。此类房间较适于安排相互熟悉的宾客,而不宜安排不同类型或敌对的宾客。

· Advanced deposit

预付订金。指宾客在预订房间时所交纳的订金。它对饭店和宾客双方都有益。宾客常采用现金、信用卡或与饭店签订商务合同的方法预付订金。

· Arrival time

抵店时间。指宾客抵达饭店的时间。掌握客人的抵店时间,有利于排房、控制房间,以及提高对客服务质量。

· Average room rate

平均房价。它是衡量饭店客房经营效益的标准之一。其计算方法为:饭店客房总收入除以总住客房数。影响平均房价的因素有:所销售的客房类型、折扣、免费等。在客房数有限的情况下,提高平均房价有利于增加客房总收入。

· Booking lead time

预订提前期。指客人订房日期与抵店日期之间的天数,亦称订房提前量。通常,散客订房的提前期较短,提前量较小;而团队订房的提前期则较长,且提前量较大。前厅掌握各类客人的订房提前期,有利于做好预测和销售客房的工作。

· Cancellation

取消预订。指客人取消预订的要求。其原因视客人而异,饭店对待取消预订应持欢迎的态度,且应采取有效措施便于客人取消,客人提前通知饭店取消订房,有益于客房的销售。

· Cancellation code

取消编码。指饭店为简化取消预订手续、便于客人取消预订所给予的一种编码。该编码包括:客人原订的抵店日期、饭店的编码、预订员的姓名缩写和取消号组成。通常,取消编码记录在订房资料上,并在取消预订登记本上加以存档。

· Check. in

办理入住登记手续。散客和团队的登记步骤有所不同,饭店应健全其程序。

· Check. out

办理结账离店手续。散客和团队的结账离店步骤有所不同,饭店应健全其程序。

· Confirmed reservation

确认性预订。指饭店答应为订过房的客人保留房间至某一事先声明的规定时间,若客人到了规定的截止时间仍未抵店,在用房紧张时,饭店可将为其保留的客房,出租给其他客人。通常,确认预订的方式可分为口头和书面两类,其内容包括:客人的个人情况、住宿要求(抵离日期、用房种类、用房数量)以及房价、付款方式和注意事项(保留房的时间等)。

· Cross. training

交叉培训。指员工到其他与本岗位相关的岗位接受培训。如前厅员工参与客房的专业培训;客房员工参与前厅的专业培训等。该做法便于员工了解相关岗位的工作,从而加深对本职工作的全面认识和提高业务水平。

· Complain

投诉。指宾客对饭店的服务不满而产生抱怨,向饭店提出意见。饭店应认真处理客人投诉,设法进行补救,消除客人怨气,并根据所反映的问题,对服务和管理进行整改,以提高服务质量。

· Commercial rate

商务用价(房价)。指饭店为争取更多的商务客人而与一些公司签订合同,给予他们优惠的房间价格,并为享有商务用价的客人提供针对性服务。饭店应做好统计分析工作,以检查商务房间的销售效果。通常,此房价较固定,便于业务、商务客人报销。

· Commission

佣金。饭店给予代理商的售房回扣。

· Connecting room

相连房。指相邻且相通的客房。此类房间适于安排关系密切及需要相互照顾的客人(如一家人),而不宜安排不同种类或敌对的客人。

· Closed date

停止出售客房的日期。一般出现在旺季用房紧张的饭店。是否停止接受订房应由前厅部经理或订房主管决定。

· Cut. off. date

留房截止日期。指旅行社或组团单位必须落实预订房的最后期限,如过期,饭店则自动取消其预订。其做法为:饭店与旅行社或组团单位签订合同,确定留房截止日期的期限,并在此日期前与旅行社或组团单位进行确认。该做法有利于订房的控制。

· Day use

半天用房。指客人要求租用客房半天,不过夜。通常,租用时间为 6 小时以内,退房时间在下午 6 点钟以前,房价为全价的一半。在饭店旺季时,一般不予接受。

· DDD——Domestic Direct Dial

国内直拨长途电话。程控交换机的使用,使越来越多的饭店在客房内装备有 DDD,以方便住客进行通信联系。

· Departure time

离店时间。了解客人的离店时间,有利于饭店对房态的预测及排房工作,提高对客的服务质量。

· Direct billing

报账。指饭店与客人或公司达成协议,客人离店时可不立即付款,而在某一指定时间将在店消费的费用一起结算。该做法可方便并促进客人的消费,但却增加饭店的应收账款。

· DND——Do Not Disturb

请勿打扰。指客人为避免外界的打扰而出示的标志,饭店对此应加以关注。通常,到了某一规定时间,饭店应进行检查,以防意外事件发生。

· Double occupancy

两人占用房比例。一间客房同时有两位客人入住,称两人占用房,两人占用房在所出租房中所占比例,称两人占用房比例。此比例高,说明住店客人多,这将会为饭店带来较多的收入。

· Early arrival

提前到达。指客人在所预订抵店时间之前到达。又可细分为两种:一是指在预订的日期以前抵店;二是在饭店规定的入住时间前抵店。饭店应视具体情况妥善安排客人入住。

· Emergency exit

紧急出口。指供饭店内人员在发生火灾等紧急情况时逃生用的出口,饭店应专门设置,并有明显标志,每间客房内必须贴有从该房间通往紧急出口的示意图。如万一发生紧急情况,应指引客人走紧急出口。

· Executive floor

行政楼层。饭店将一层或几层的客房相对划分出来,用以接待高级商务行政人员,这些楼层称为行政楼层。它设有总台、收款、餐厅及休息室等,为客人提供细致周到的服务,其客房也比一般客房豪华,它能为饭店招徕高档客源,提高营业收入和饭店声誉。

· Free sale

自由销售。指旅行社、航空公司或其他代理公司无须得到饭店的确认,直接代售该饭店的客房。自由销售多用于饭店的淡季,而在旺季,则应加以控制。

· Front desk

总服务台。供客人登记入住和结账离店的柜台。

· Front office

前厅部。指位于饭店最前方位置销售饭店产品、组织接待工作、协调对客服务,以及为客人提供一系列综合性服务的部门。其首要功能是销售客房。其主要机构包括:大厅服务处、客房预订处、接待处、问讯处、电话总机与商务中心等。

· FO process

前厅服务流程。该流程包括:区分客源、办理入住登记手续、排房、定价、决定付款方式、建账、改变房态、对客服务、累计客账、办理离店结账手续、核账、结账、通知整理客房直至建立客史档案等。饭店应健全前厅服务流程并落到实处。

· Full house

房间客满。客满有益于饭店的收入，但对饭店也会带来不利影响。如房间客满会影响客房设备保养、服务水准与质量稳定等。

· G. R. O. ——Guest Relation Officer

客务关系主任（对客关系员）。特设该工种的目的，是专门代表饭店建立和维护与客人之间的良好关系。

· Guaranteed reservation

保证性预订。指客人通过使用信用卡、预付订金、订立合同等方式，来确保饭店应有的收入；饭店则必须保证为其保留所订的客房。它是饭店最理想的订房，不但保护了客人免遭客满的风险，同时也确保了饭店在订房客人不抵店情况下的应有收入。通常，饭店为保证性订房的客人保留客房至抵店日期次日的退房结账时间。

· Guest cycle

对客服务全过程。指潜在的客人与饭店的第一次接触→抵店→住店→离店→建立客史档案的全过程。该过程亦可细分为售前、售中和售后服务三个阶段，其主要任务包括：受理预订、收取订金、抵店前准备、办理入住登记手续、排房、定价、收取预付款、改变房态、累计客账、核账、办理离店结账手续、建立客史档案等。

· Guest history record (card)

客史档案（卡）。指饭店为住店一次以上的客人所建立的档案资料。其内容包括客人每次住店期间的基本情况、爱好、习惯等信息，便于饭店提供针对性、个性化服务和开拓客源市场，为进行促销提供依据。通常，客史档案卡按照 A—Z 字母顺序排列存放在客史档案柜内，便于迅速准确地查阅。

· Hotel chain

饭店连锁。指拥有、经营两个以上饭店的公司或系统。在该系统内，各饭店使用统一的名称、同样的标志并实行统一的经营、管理规范和服务水准，与独立的饭店相比，其具有财务、促销、采购、订房等优势。

· House credit limit

信用限额。指饭店允许客人在店内赊账消费的最高数额，针对不同的客人或不同的付款方式，饭店应制定不同的信用限额。

· House use

饭店人员用房。指饭店留出一部分客房供管理人员休息使用，饭店对此应做好控制工作。

· IDD——International Direct Dial

直拨国际长途电话。越来越多的饭店在客房内装备有 IDD，以方便客人。

· Job description

工作职责描述。描述某一岗位或职位的主要任务、职能及责任等，便于了解该岗位工作概况，利于培训。

· Late check - out

逾时退房。指客人退房结账时间超过了饭店所规定的退房时间（国际惯例为中午 12 时），通常，饭店视具体情况及规定加收一定的费用。

· Log book

工作日记本。它是内部沟通的有效途径之一，用以记录工作期间发生的重要事件，记录时，应清晰、概括，且易使他人明白。

· Master folio

总账户。指记录两人或两间房以上发生的所有费用的特定账户，结账时统一结算，一般用于旅行团体。

· Message

留言服务。指饭店帮助客人传递口信的专项服务。留言可分为访客留言和住客留言两种。

· Net rate

净房价。指房价中除去佣金、税收、附加费等余下的纯房间收入,一般用于房间价目表、签写相关的房价合同等。

· Night audit

夜间稽核。其主要负责复核饭店各营业点的营业收入报表、单据、客人房租是否正确,各类特殊价格的审批是否符合规定,以保证饭店营业收入账目的准确性,并制作饭店的营业日报表。

· Night clerk report

客房每日出租收入报表。该表主要从饭店每天所出租的客房数量、住店客人人数及客房收入方面加以统计,以反映客房的每日营业情况。

· No - show

订过房但未抵店的客人。简称“订房不到”,会影响饭店的客房销售,饭店对此应进行统计并计算出其百分比,以接受部分超额订房,弥补其损失。

· Out of order

待修房。指那些需要维修、保养而暂时不能出租的客房,亦称“坏房”。

· Overbooking

超额预订。指所接受客人订房的数量,超过饭店实际可供出租的客房数量。该现象易发生在饭店用房紧张时期,饭店应做好预订的控制工作。若一旦出现此现象,饭店则应做好接待补救工作,如免费将客人送往同等级的其他饭店住宿(客房差价由饭店支付),免费提供一次长途或电传服务,并做好问讯、邮件服务等。

· Package

包价服务。指饭店将几个项目组成一个整体,一次性出售给客人。包价服务有利于客人作预算,且有益于饭店。

· Pick - up service

接车服务。指饭店派代表和车辆到机场、车站和码头,将客人接回饭店的服务。饭店应做到接客准时,必须明确客人的抵店日期、航班号、车次等具体情况。

· Preregistration

预先登记。指在客人抵店前,根据客史档案资料及订房单内容等,事先为客人填写好住宿登记表,排好客房,以尽量缩短客人办理入住登记手续的时间。

· Register

入住登记。指入住饭店的客人需办理的入住手续,如填写入住登记表、排房定价、查验证件、决定付款方式等。入住登记是为了遵守国家法律有关户口管理的规定,以及有计划地销售客房,并有利于提供周到的对客服务等。

· Rack rate

标准房价。指饭店客房的门市价格,未含任何折扣或服务费。标准房价常用于饭店的价目表及促销宣传品中。饭店应合理地制定该类房价。

· Room forecast

订房预测。搞好预测,有利于饭店各部门安排工作及销售客房。例如,制作“一周客情预报表”等。

· Rooming list

团队分房名单。该单内容包括客人人数、用房数和房间种类等,通常在团队预订或入住登记分房时使用。

· Rollaway bed

折叠床。通常，饭店在每一楼层配备一定数量的折叠床，以方便客人临时加用。

· Room type

客房种类。常见的客房种类有：标准房、双人房、三人房、套房、相邻房、相连房、角房等。前厅人员必须熟悉掌握饭店每一客房类型及其特色，以利于销售。

· Room status

客房状态。常见的房间状态有：住客房、走客房、可售房、待修房、双锁房、在外过夜房等。前厅人员准确掌握房态，有利于对客服务和客房销售。

· Room change

换房。指住客转换房间，换房需到总台办理手续。

· Settlement

付账。将赊欠饭店的款项付清或签报。付账的方式有：现金、信用卡、支票及转账等。

· Skipper

故意逃账者。其特征为：无行李或少行李者，使用假信用卡或假支票者等。饭店应制定出预防逃账的措施，确保应收款的回收。

· Sleep out

外宿。指住客在店外过夜，对此，饭店应注意两方面的问题：一是住宿；二是客人财物的安全。

· Tariff

房价表。指一些向客人提供饭店房间种类及房间价格等信息的宣传资料。其内容包括：房间种类、价格、附加费与加床费的收取说明、结账离店时间、饭店可接受的信用卡种类、饭店主要服务项目，以及订房联系方式等。

· Tips

小费。指客人为感谢员工所提供的服务而给予员工的赏金。按饭店规定员工不能收取小费，应婉言谢绝；若盛情难却，应将小费上交部门统一处理。

· Upgrade

将高价格类型的客房按低价出售。这种情况主要用于客房状况紧张时期，对重点客人和有预订的客人提高接待规格，以求扩大客房出租率。

· Upselling

推销更高价格的客房。前厅人员应根据客人的特点，介绍高价客房所带给客人的各种好处与利益，以劝说客人购买比其原来所需房间价格更高的客房。

· VIP——Very Important Person

重点宾客（贵宾）。饭店应制定出一套有关重点宾客接待规格审批和接待程序的条文，以接待好这类宾客。

· Waiting list

等候名单。当饭店客满，仍有客人要求订房或入住，可使用该名单，以弥补因客人临时取消或“订房不到”给饭店带来的损失。

· Wake - up call

叫醒电话服务。饭店采用人工叫醒或自控电脑叫醒等方法，为客人提供叫醒服务。

· Walk - in

未经预订而直接抵店的客人。其接待程序区别于团体客人。前厅员工应做好此类客人的接待工作。

# 后　记

经余炳炎、包伟英审阅的《前厅接待与运转》一书自1999年再版后，随着我国中等职业教育的跳跃式发展，该教材部分内容已显过时，在旅游教育出版社的大力支持下，我们对该书进行了修订，并更名为《前厅服务与管理》。

《前厅服务与管理》对旧版《前厅接待与运转》中的部分章节作了结构性调整、整合，更加突出了现代高星级饭店个性化标志的礼宾部"金钥匙服务"特色；针对商务楼层、商务中心服务在旅游饭店业中迅速发展的客观要求，适当增补了"翻译服务""出租电脑文字处理服务""特快邮递服务"和"洽谈室出租服务"等项内容，并对"总机服务程序""外币现钞种类"等条目作了适度更新。通过修订，使该书从外在的装帧形式到内在的选材质量和结构体例，档次全面提升，从而使教材在教学中的实用性、实操性更强，更加贴近前厅服务与管理的工作实际。

《前厅服务与管理》是中等职业学校饭店管理及其他相近专业的一门专业主干课程。本教材适用于中专、技校及职高生，也可供饭店在岗人员自学、培训及参加自学考试参考。本课程的教学目的是讲授饭店前厅服务的基础知识，向学生灌输从事前厅服务工作必备的观念与意识，训练学生掌握星级饭店前厅服务的基本操作程序与技能，培养学生具备从事饭店前厅服务与基层管理工作、适应行业发展与职业变化的基本能力，使学生熟悉饭店前厅部运行与管理的基本程序和方法，具有较熟练的礼宾大厅服务、总台服务等各项前厅服务技能，热爱并胜任饭店前厅服务工作。修完本课并经过短期实习的学生，应能达到旅游行业前厅各工种中级工的水平。

《前厅服务与管理》的第1版《前厅接待与运转》由国家旅游局人事劳动教育司组织编写，参加编写的人员有吴军卫、吴梅。本书第3版由吴军卫独自修订。本次修订保留了原书的体例，对个别过时和不准确的资料进行了修改与更新。由于时间紧，前厅业务发展快，而且编者水平有限，本书难免有错漏之处，恳请广大读者批评指正。

编　者

责任编辑:果凤双

**图书在版编目(CIP)数据**

前厅服务与管理/国家旅游局人事劳动教育司编. -北京:旅游教育出版社,2004.12(2020.9)

中等职业学校饭店服务与管理专业教学用书

ISBN 978-7-5637-1176-5

Ⅰ.前… Ⅱ.国… Ⅲ.①饭店-商业服务-专业学校-教材 ②饭店-企业管理-专业学校-教材 Ⅳ.F719.2

中国版本图书馆 CIP 数据核字(2003)第 099574 号

教育部职业教育与成人教育司推荐教材

中等职业学校饭店服务与管理专业教学用书

**前厅服务与管理**

(第 3 版)

国家旅游局人事劳动教育司　编

| | |
|---|---|
| **出版单位** | 旅游教育出版社 |
| **地　　址** | 北京市朝阳区定福庄南里 1 号 |
| **邮　　编** | 100024 |
| **发行电话** | (010)65778403 65728372 65767462(传真) |
| **本社网址** | www.tepcb.com |
| **E-mail** | tepfx@163.com |
| **印刷单位** | 北京柏力行彩印有限公司 |
| **经销单位** | 新华书店 |
| **开　　本** | 787 毫米×1092 毫米　1/16 |
| **印　　张** | 8.75 |
| **字　　数** | 170 千字 |
| **版　　次** | 2016 年 1 月第 3 版 |
| **印　　次** | 2020 年 9 月第 3 次印刷 |
| **定　　价** | 19.00 元 |

(图书如有装订差错请与发行部联系)